KB272124

콘텐츠 인사이트

콘텐츠 인사이트

발행일   2026년 4월 27일

지은이   이지은
펴낸이   손형국
펴낸곳   (주)북랩

출판등록   2004. 12. 1(제2012-000051호)
주소   서울특별시 금천구 가산디지털 1로 168, 우림라이온스밸리 B동 B111호, B113~115호
홈페이지   www.book.co.kr
전화번호   (02)2026-5777   팩스   (02)3159-9637

ISBN   979-11-7598-225-3 03320 (종이책)   979-11-7598-226-0 05320 (전자책)

작가 연락처 문의 ▸ ask.book.co.kr

전용 게시판에 문의를 남기시면 저자에게 직접 전달됩니다.

(주)북랩 성공출판의 파트너

북랩 홈페이지와 SNS에서 다양한 출판 솔루션을 만나 보세요!

홈페이지 book.co.kr   •   **블로그** blog.naver.com/essaybook   •   **출판문의** text@book.co.kr
카톡채널 북랩

콘텐츠 인사이트

이지은

북랩

이 책은 창작자의 시선에서 출발해 콘텐츠를 '구조화하는 사고'로 확장해 가는 여정을 설득력 있게 담아낸 책이다. 애니메이션을 넘어 게임, 영상, 디지털 콘텐츠까지 관통하는 프로듀싱의 본질을 실제 경험과 함께 명료하게 풀어낸다. 창작과 산업 사이에서 길을 찾고자 하는 이들에게 방향을 제시하는 실용적이고 통찰력 있는 안내서이다.

- 위정현(중앙대학교 가상융합대학 학장)

오늘날 콘텐츠 산업에서 기획자의 중요성은 더욱 커지고 있습니다. 이 책은 콘텐츠 기획을 공부하는 학생과 예비 기획자들에게 매우 유익한 지침서입니다. 저자는 오랜 기간 산업 현장에서 애니메이션 콘텐츠를 기획하고 제작해 왔으며, 대학에서 강의를 해왔습니다. 그러한 경험의 산물인 이 책은 콘텐츠의 개념과 역사, 아이디어 발상, 트렌드 분석, 기획서 작성, 사례 분석 등 기획의 모든 것을 현장감 있게 설명하고 있어 콘텐츠 기획의 본질과 실무를 함께 이해하는 데 큰 도움을 줄 것입니다.

- 문재철(중앙대 첨단영상대학원 교수)

이지은 교수의 『콘텐츠 인사이트』는 바로 그 설계의 언어를 가르치는 책이다. 콘텐츠의 정의에서 출발해 이야기 구조, 포맷 선택, 제작 프로세스, IP 확장 전략까지 —『오징어 게임』을 비롯한 K-콘텐츠와 글로벌 IP 사례를 통해, 이 책은 이론이 아닌 현장에서 검증된 프로듀싱의 사고방식을 체계적으로 정리했다. 잘 만드는 것만으로는 더 이상 충분하지 않다. 세상에는 잘 만들어진 콘텐츠가 너무 많다. 콘텐츠 기획자라면, 이미 현장에 있지만 구조적 언어가 필요한 사람이라면, 자신의 아이디어를 IP로 확장하고 싶은 창작자라면— 이 책은 오래 곁에 둘 만한 설계도다.

- 이순주(kbs 애니메이션 PD, 홍익대 겸임교수)

아이디어는 넘치지만 '팔리는 구조'를 가진 기획은 드뭅니다. 이 책은 막연한 창작의 영역을 정교한 비즈니스 설계도로 치환하여, 투자자가 확신을 갖고 움직이게 만드는 콘텐츠 기획의 본질을 꿰뚫고 있습니다. K-콘텐츠의 글로벌 성공을 꿈꾸는 모든 기획자에게 명쾌한 해답이 될 것입니다.

- 원순재(대교 인베스트먼트 이사)

프로듀서를 처음 만난 순간

필자가 처음 '프로듀서(producer)'라는 직군을 분명하게 인식한 때는 2004년, 애니메이션 전공으로 석사 과정을 밟고 있던 시기였다. 당시 나는 '러프드레프트 코리아(Rough Draft Korea, RDK)'에서 애니메이터로 근무하고 있었다.

현실은 녹록지 않았다. 동료들에 비해 작업 속도는 더뎠고, 표현력 또한 만족스럽지 못했다. 매일 책상 앞에 앉아 그림을 한 프레임씩 수정하며 스스로에게 되묻곤 했다.

'나는 과연 애니메이션을 계속할 수 있을까?'

'나의 유학 생활은 헛된 것이었나?'

창작자의 좌절은 대부분 '재능'에 대한 의심에서 시작된다. 그 시절의 나는 철저히 '만드는 사람'의 관점에 머물러 있었다.

그러던 중 뜻밖의 기회가 찾아왔다. 내가 존경하던 전 디즈니 캐나다 Keith Ingham감독이 밴쿠버에서 진행하던 TV 시리즈 애니메이션 〈Silver Wings〉의 후반 작업을 참관하게 된 것이다. 그 현장에서 나는 잊지 못할 장면을 목격했다.

내게는 하늘처럼 보이던 감독이, 처음 보는 중년 여성 두 명의 수정 요청에 고개를 숙이며 정중하게 답하는 모습이었다.

"Yes, ma'am."

그는 그들의 의견을 검토하고 즉시 작업에 반영했다. 나는 충격을 받았다. 나중에 그에게 물었다.

"저분들은 누구십니까?"

"My boss, Producers."

그 순간 깨달았다. 콘텐츠 제작 현장에서 권한과 책임의 중심은 반드시 연출자에게만 있는 것이 아니라는 사실을.

프로듀서는 단순한 행정 관리자가 아니었다. 콘텐츠의 방향을 설정하고, 자원을 배분하며, 결과에 책임을 지는 사람. 창작을 가능하게 만드는 구조의 설계자였다.

그날 이후 나의 질문은 달라졌다.

'나는 얼마나 잘 그릴 수 있는가?'에서 '나는 얼마나 잘 기획하고, 연결하고, 책임질 수 있는가?'로.

애니메이터에서 프로듀서로

2010년, 박사 학위를 마친 나는 강원정보문화진흥원에서 프로듀서로 첫발을 내디뎠다. 이후 여러 제작사와 기관에서 애니메이션과 영상 프로젝트의 기획, 공동 제작, 국제 협업을 수행해 왔다. 현장에서 직접 그림을 그리던 애니메이터의 경험을 기반으로, 이제는 프로젝트 전체를 설계하고 조율하는 역할을 맡게 되었다. 돌이켜보면 2004년의 경험은 단순한 에피소드가 아니라 직업적 관점의 전환점이었다.

**'만드는 사람'에서 콘텐츠를 '구조화하는 사람'으로.
이 책은 그 전환의 경험에서 출발한다.**

오늘날 콘텐츠는 하나의 매체에 머물지 않는다. 하나의 애니메이션은 게임이 되고, 게임은 웹툰이 되며, 웹툰은 드라마로 재탄생한다. 플랫폼과 장르의 경계는 빠르게 허물어지고 있다.

이 책은 애니메이션을 중심으로 출발하지만, 그 사고는 게임, 실사 영상, 디지털 콘텐츠, 인터랙티브 미디어로 확장된다.

좋은 프로듀서는 처음부터 묻는다.

"이 콘텐츠는 어디까지 확장될 수 있는가?"

콘텐츠 프로듀싱은 단순히 한 편의 작품을 완성하는 기술이 아니다. 그것은 세계관을 설계하고, 산업 구조를 이해하며, 확장 가능한 IP를 전략적으로 구축하는 능력이다.

이 책의 방향

이 책은 다음 질문에 답하고자 한다.

'프로듀서는 무엇을 설계하는가?'

'애니메이션의 파이프라인은 왜 콘텐츠 전략의 핵심 모델이 되는가?'

'하나의 기획은 어떻게 게임과 디지털 콘텐츠로 확장되는가?'

'우리는 어떤 프로듀서를 길러내야 하는가?'

콘텐츠 프로듀싱은 직무가 아니라 사고 체계다.

이 책은 창작자와 산업을 연결하는 구조적 사고를 제시하는 것을 목표로 한다.

이 책을 출간하기 까지 저를 길러 주신 부모님과 7년 간 '콘텐츠 프로듀싱' 수업을 맡겨 주신 중앙대학교 가상융합대학 학장 위정현 교수님, 박사학위 지도를 해주신 문재철 교수님, 많은 프로젝트를 함께한 탁툰엔터프라이즈의 김탁훈 교수님, 그래피 직스의 홍성욱 대표님 그리고 작품을 방영해 주신 KBS, EBS 피디님들께도 깊은 감사를 드린다.

1장
콘텐츠란
무엇인가?

1. 콘텐츠의 개념과 정의

"콘텐츠는 단지 정보를 전달하는 수단이 아니라, 감정과 정체성을 공유하는 경험이다."

디지털 시대, 우리는 수많은 콘텐츠를 실시간으로 마주하며 살아간다. 몇 초짜리 릴스 영상부터 수십 시간이 넘는 드라마 시리즈까지, 콘텐츠는 이제 단순한 오락을 넘어 하나의 **문화와 언어**, 그리고 **경제와 권력**의 중심으로 자리 잡았다.

그렇다면, **콘텐츠란 정확히 무엇인가?** 단순히 영상이나 이미지, 텍스트의 집합체일까? 아니면 그 속에 담긴 **의미, 맥락, 감정, 연결성**까지 포괄하는 개념일까? 또한 현대의 콘텐츠는 단순한 문화가 아닌 산업으로, 각국의 소프트 파워를 리드하며 **국가 브랜드와 경제적 영향력까지 확장되는 전략 자산**으로 평가받고 있다. 여기에서는 콘텐츠의 정의와 핵심 특성, 그리고 왜 지금 콘텐츠가 중요한지를 다양한 사례와 함께 탐구한다.

콘텐츠의 어원과 현대적 정의

'콘텐츠(content)'라는 용어는 라틴어 contentum에서 유래되었으며, 이는 '그 안에 담긴 것'을 뜻한다. 국어사전에서는 콘텐츠를 '예술, 정보, 오락 등 다양한 형식의 내용을 담은 디지털 자료' 또는 '창작된 영상, 음악, 문서 등을 포괄하는 개념'으로 정의하고 있다. 즉 콘텐츠는 미디어라는 그릇에 담기는 **의미 있는 내용물**이라 할 수 있다.

미디어 속 콘텐츠들

이러한 개념은 오늘날 디지털 환경에서 정립된 것이지만, 콘텐츠의 기원은 인류가 무언가를 창조하기 시작한 선사 시대로까지 거슬러 올라간다. 구석기 동굴 벽화에서부터 고대 이집트의 상형문자, 중세의 필사본, 활판 인쇄 시대의 책, 그리고 20세기의 영화와 방송에 이르기까지, 콘텐츠는 시대마다 그 표현 방식과 전달 수단은 달랐지만, 인간의 생각과 감정을 전달하고자 하는 본질은 변함이 없었다.

결국 콘텐츠는 인간이 세상을 이해하고 타인과 연결되기 위해 만들어 온 모든 '표현의 흔적'이라 할 수 있으며, 이는 지금의 디지털 콘텐츠로 이어지는 인류 커뮤니케이션의 핵심 흐름이기도 하다.

현대에 들어 콘텐츠는 단순한 정보의 나열이 아니라 **설계된 감정 경험**이자 **브랜드화된 가치 제안**, 나아가 **소비자와의 관계 형성 수단**으로 변화했다.

뿐만 아니라 콘텐츠라는 단어는 기술·마케팅 분야에서도 확장된 의미로 사용되는데, 웹사이트 운영자에게는 '사용자의 체류 시간을 높이는 전략적 자료', 플랫폼 운영자에게는 '트래픽을 유도하고 구독을 유지시키는 핵심 자산', 교육 현장에서는 '지식 전달과 동기 유발을 위한 교수 자료'를 의미하기도 한다. 이처럼 콘텐츠는 **산업, 문화, 교육, 플랫폼 전반에서 핵심 자원으로 기능하고 있다.**

"We're not just telling stories anymore. We're creating entire experiences."

- Henry Jenkins, 『Convergence Culture』

"우리는 이제 단순히 이야기를 들려주는 것이 아니라, 하나의 완전한 경험을 창조하고 있다."

- 헨리 젠킨스, 『컨버전스 컬처』

젠킨스가 말하듯, 현대 콘텐츠는 하나의 이야기에서 끝나는 것이 아니라 경험으로 확장되며, 플랫폼을 넘나들며 연결되는 세계를 창조한다.

콘텐츠의 다섯 가지 핵심 특성

현대 콘텐츠는 디지털 환경 속에서 다음과 같은 복합적 특성을 갖는다. 이러한 특성은 콘텐츠의 기획, 생산, 유통, 소비 전반에 영향을 미치며, 플랫폼과 소비자의 관계를 재정의하고 있다. 특히 콘텐츠 산업의 전 세계화가 가속화되면서 이러한 특성은 단순한 기술적 변화가 아니라, **문화 산업을 둘러싼 전략적 경쟁의 핵심 요소로 작용**하고 있다. 각 특성은 다음과 같은 실제 사례로 깊이 있게 이해할 수 있다.

콘텐츠의 다섯 가지 특징

① 디지털성

콘텐츠는 더 이상 필름이나 종이처럼 물리적 기반에만 의존하지 않는다. 디지털화된 콘텐츠는 복제와 수정이 자유롭고, 클라우드 기반 플랫폼을 통해 어디서든 접근 가능하다. 예컨대, 2020년대 들어 디즈니는 애니메이션 원본 필름 대신 전면 디지털 콘텐츠 자산 관리 체계(DAM: Digital Asset Management)를 구축하여 글로벌 콘텐츠를 신속히 로컬라이징 하고 있다.

② 네트워크성

콘텐츠는 개인 간의 연결을 매개하며 확산된다. 예를 들어, 브라질의 넷플릭스 오리지널 시리즈 〈3%〉는 SNS 상의 밈, 팬아트, 해석 콘텐츠로 빠르게 확산되며 라틴아메리카 외의 국가까지 시청층을 넓혔다. 이처럼 콘텐츠는 단일 방향의 전달이 아닌 **사용자 간 재배포와 재창조를 유도하는 네트워크형 구조**를 갖는다.

③ 탈물질성

디지털 콘텐츠는 실체보다 **경험의 본질**을 강조한다. 〈포트나이트〉 같은 게임은 플레이 자체가 콘텐츠가 되며, 유저들은 게임 내의 콘서트나 가상 이벤트를 **현실보다 더 강렬하게 기억**한다. 이는 '가상이 현실을 대체'하는 트렌드의 상징이다.

④ 확장성

하나의 원천 콘텐츠(IP)는 다양한 형태로 재가공되어 다른 미디어로 확장된다. 『해리포터』는 소설, 영화, 게임, 테마파크, 넷플릭스 드라마로 이어지며 **프랜차이즈 중심의 미디어 믹스 전략**을 완성했다. 국내에서도 『신과 함께』는 '웹툰 → 영화 → 뮤지컬'로 확장되며 하나의 IP가 산업 전반으로 퍼지는 구조를 보여주었다.

⑤ 소비자 중심성

알고리즘은 더 이상 소비자의 선택을 '도와주는' 것이 아니라, 아예 콘텐츠 소비 경험을 '설계'한다. 유튜브와 틱톡의 자동 추천 시스템은 사용자 행동 데이터를 기반으로 콘텐츠 노출을 최적화하며, 심지어 특정 콘텐츠의 **히트 가능성 자체를 좌우**하기도 한다. 이러한 소비자 중심 알고리즘은 기획 단계에서부터 적용되어, '어떤 이용자가 어떤 순간에 무엇을 볼 것인지'까지 예측 가능하게 만들고 있다.

특성	설명
디지털성	콘텐츠는 비물질적이며 디지털화되어 복제와 배포가 용이하다.
네트워크성	인터넷을 통해 유통되며, 사용자 간 공유와 반응으로 확대된다.
탈물질성	실제보다 경험과 감정 중심으로 소비된다.
확장성	IP로서 웹툰, 영화, 게임 등으로 크로스미디어화 가능하다.
소비자 중심성	사용자 맞춤형 알고리즘 기반 기획 및 추천이 주도한다.

"하나의 아이디어는 수많은 미디어로 재탄생할 수 있다. 그게 콘텐츠의 시대다."

- 스티븐 스필버그, USC School of Cinematic Arts 강연 중(2013)

왜 콘텐츠가 중요한가?: 정체성의 시대

콘텐츠는 더 이상 '즐길 거리'가 아니다. 그것은 사람들이 자신을 정의하고, 타인과 연결되고, 세계를 이해하는 방식이 되었다.

"스토리텔링은 콘텐츠의 핵심이다. 강한 캐릭터와 매력적인 이야기 구조가 사용자와의 감정적 연결을 만든다."

- 사용자 코멘트 기반 (2024, 사용자 인터뷰)

제작자가 보여주고 싶은 것을 수동적으로 소비하던 시대는 지났다. 이제는 사용자가 보고 싶은 것을 찾아보고, 심지어 스스로 콘텐츠가 되는 시대다. 콘텐츠는 더 이상 소비자에게 수동적으로 소비되는 것이 아니라, **사용자가 함께 참여하고 확장시키는 열린 구조이자 자기 표현의 장**으로 바뀌었다.

나영석 PD는 이렇게 말한다.

"이제는 콘텐츠가 사람들을 이끌기보다, 사람들이 콘텐츠의 일부가 되도록 만들어야 한다."

\- 나영석, 유튜브 '백상예술대상 창작자 포럼' 인터뷰 중(2022)

콘텐츠는 '몰입' 그 자체가 아니라, **정체성과 공감**의 플랫폼이 된 것이다. 나영석 PD는 자신이 가장 잘할 수 있는 콘텐츠를 만드는 데 집중하기로 했다고 밝힌 바 있다. 그는 〈1박 2일〉을 통해 가벼운 여행에 대한 대중의 니즈를 확인했고, 그 경험을 확장시켜 〈윤식당〉, 〈삼시세끼〉, 〈서진이네〉 같은 콘텐츠를 선보이며 '여행 + 쿠킹 + 생활'이라는 독자적인 장르를 구축했다. 이는 단순한 예능을 넘어서 **일상 속 공감과 위안을 전달하는 콘텐츠로서의 정체성**을 강화한 대표 사례라 할 수 있다.

콘텐츠 기획의 변화 : 감에서 데이터로

콘텐츠는 더 이상 직관만으로 기획되지 않는다. 플랫폼은 사용자 데이터를 수집하고 분석하여 콘텐츠에 반영한다. 이를 통해 기획자는 **타깃 중심 스토리텔링과 선호도 기반 제작 전략**을 구사하게 된다.

"플랫폼은 사용자 정보를 기반으로 그들의 '진정한 취향'을 분석하고 기획 단계에서 반영하고 있다."

- 사용자 코멘트 기반

데이터가 기획을 결정하는 시대: 〈오징어 게임〉 사례 분석

넷플릭스(Netflix)의 글로벌 전략을 설명할 때 빠지지 않는 작품이 있다. 바로 〈오징어 게임〉이다. 이 작품은 단순한 흥행작을 넘어, 플랫폼 기반 콘텐츠 프로듀싱이 어떻게 확장성과 지속 가능성까지 설계하는가를 보여주는 대표적 사례다. 넷플릭스는 DVD 우편 대여 서비스 시절부터 이용자의 장르 선호, 시청 시간대, 완주율, 배우 선호도, 테마 소비 패턴 등을 체계적으로 축적해 왔다. 이러한 데이터는 추천 알고리즘의 고도화에 머물지 않고, 장기적으로는 콘텐츠 투자 및 기획 방향을 결정하는 전략 자산으로 전환되었다. 즉 플랫폼은 더 이상 '어떤 작품을 배급할 것인가?'가 아니라, '어떤 작품을 제작해야 하는가?'를 데이터로 판단하는 구조로 이동한 것이다.

〈오징어게임〉 이미지

〈오징어 게임〉은 이 구조적 전환의 상징이다. 이 작품은 한국에서 약 10년간 제작이 지연되었다. 폭력성, 비관적 세계관, 상업적 위험성 등으로 인해 기존 방송 시스템 안에서는 편성 적합성이 낮다고 평가되었다. 그러나 넷플릭스는 이를 글로벌 데이터 관점에서 재해석했다. 플랫폼 데이터는 이미 '데스게임' 장르가 지속적으로 소비되고 있음을 보여주고 있었다. 일본의 〈배틀로얄〉, 미국의 〈헝거 게임〉, 그리고 일본 드라마 〈Alice in Borderland〉 등은 국가를 초월해 반복적으로 재생산되며 안정적 팬층을 형성해왔다. 이 장르의 핵심은 규칙 기반 게임 구조, 생존과 탈락의 긴장, 그리고 인간 본성의 노출이다. 문화적 맥락이 달라도 이해 가능한 시스템이기에 글로벌 확장성이 높다. 넷플릭스는 장르 유사성을 위험 요소가 아니라, 검증된 수요의 지표로 판단했다.

그러나 〈오징어 게임〉의 차별성은 장르 공식을 단순 반복한 데 있지 않다. 작품은 한국 사회의 부채 구조, 계급 이동의 좌절, 신자유주의적 경쟁, 가족 해체 문제 등을 결합했다. 이러한 사회 구조적 불평등은 한국적 맥락을 지니지만, 동시에 전 세계가 공유하는 보편적 주제다.

넷플릭스는 이 보편성을 글로벌 타깃 전략으로 재구성했다. 한국 전통 놀이를 차용하되, 게임 규칙은 문화 장벽 없이 이해 가능하도록 설계했다. 이는 로컬 콘텐츠의 '글로벌 서사화'라는 플랫폼 전략의 전형이다. 그 결과, 〈오징어 게임〉은 공개 직후 90여 개국에서 시청 순위 1위를 기록하며 넷플릭스 역사상 가장 강력한 비영어권 흥행작으로 자리 잡았다. 그리고 이 성공은 일회성으로 끝나지 않았다.

넷플릭스는 글로벌 시청 데이터, 완주율, 캐릭터 선호도, 지역별 시청 반응 등을 종합 분석한 뒤 시즌 확장을 결정했다. 그 결과 〈오징어 게임〉은 시즌 2와 시즌 3 제작으로 이어지며, 단발성 프로젝트가 아닌 지속 가능한 IP 프랜차이즈로 발전했다. 이는 플랫폼이 흥행 이후에도 데이터를 기반으로 세계관 확장 가능성을 검증한다는 점을 보여준다. 이 지점에서 프로듀서의 역할은 더욱 명확해진다. 콘텐츠는 성공 이후 '끝나는' 것이 아니라, 데이터 분석을 통해 IP 확장 전략(시즌제, 스핀오프, 파생 콘텐츠, 라이선싱 등)으로 재설계된다. 〈오징어 게임〉은 한국 드라마를 넘어 글로벌 IP 자산으로 전환된 사례다.

황동혁 감독은 다음과 같이 언급한 바 있다.

"〈오징어 게임〉은 한국에서 10년간 타깃을 찾지 못해 유예되었지만, 넷플릭스를 통해 글로벌 데이터 기반으로 재구성되며 성공했다."

　- 황동혁, 『Netflix 제작 다큐멘터리: 오징어 게임의 성공전략』(2022)

이 사례는 플랫폼 시대 콘텐츠 프로듀싱의 핵심을 보여준다.

첫째, 장르 유사성은 위험 요소이면서 동시에 수요 검증의 근거가 된다.

둘째, 로컬 서사는 보편적 인간 구조와 결합할 때 글로벌 확장이 가능하다.

셋째, 데이터는 기획 단계뿐 아니라 시즌 확장과 IP 프랜차이즈 전략의 판단 근거로 작동한다. 결국 〈오징어 게임〉은 하나의 메시지를 남긴다. 플랫폼 시대의 성공은 우연이 아니라, 데이터 기반 기획과 글로벌 확장 설계의 결과다.

2. 콘텐츠와 미디어 - 둘의 관계

다양한 휴대폰 콘텐츠들

콘텐츠와 미디어는 불가분의 관계에 있다. 콘텐츠가 전달하고자 하는 '의미'라면, 미디어는 그것을 '어떻게, 누구에게, 언제' 전달할지를 결정짓는 **형식과 채널**이다.

'미디어(media)'라는 용어는 라틴어 'medium'에서 유래한 말로, '중간에 놓여 있는 것', 즉 정보와 메시지를 **전달하는 매개체**를 뜻한다. 과거에는 주로 인쇄물(책, 신문), 라디오, 텔레비전 등 물리적인 매체를 의미했지만, 현대에는 디지털 플랫폼, 소셜 미디어, 스트리밍 서비스로까지 그 범위가 확장되었다.

마셜 맥루한(Marshall McLuhan)은 "미디어는 메시지다(The medium is the message)."라는 말로 미디어의 영향력을 역설했는데, 이는 단지 콘텐츠의 내용보다 그 **전달 형식이 수용자의 인지 방식, 감정 반응, 사회 구조에 더 깊은 영향을 미친다**는 의미이다. 예를 들어, 같은 뉴스를 인쇄 신문, 1분 숏폼 영상, 혹은 팟캐스트로 전달할 경우 수용자의 해석과 반응은 전혀 달라질 수 있다.

결과적으로 미디어는 단순한 전달 수단이 아닌, **콘텐츠가 작동하는 방식 자체를 결정짓는 서사적 조건이자 문화적 맥락**이라 할 수 있다.

콘텐츠와 미디어는 어떻게 다른가?

구분	콘텐츠	미디어
개념	전달하고자 하는 의미, 감정, 정보, 이야기	콘텐츠를 전달하는 물리적 또는 디지털적 수단
예시	이야기, 감정, 캐릭터, 메시지	책, TV, 유튜브, 넷플릭스, 인스타그램 등
역할	사용자의 감정과 생각을 움직이는 핵심	도달 방식, 시각적·청각적 환경을 설정

예를 들어, 같은 스토리 라인을 지닌 콘텐츠라도 책으로 읽을 때와 유튜브 영상으로 볼 때, 혹은 VR 환경에서 경험할 때 **전달 방식과 몰입감, 감정 반응이 완전히 달라진다.** 책으로 따지자면 콘텐츠는 책의 '내용'이고, 미디어는 그 내용을 담는 '책' 자체, 즉 형식이자 그릇이다. 같은 내용이라도 전자책, 오디오북, 애니메이션, 실사 드라마 등 전달 매체에 따라 독자의 이해 방식과 감정 몰입도가 달라지는 이유가 바로 여기에 있다.

또한 미디어의 형태에 따라 콘텐츠의 구성 형식이 달라지기도 한다. 예를 들어 '드라마'라는 콘텐츠는 장르로 분류되기도 하지만, 텔레비전 시리즈라는 미디어에서는 일반적으로 6회에서 16회, 길게는 26회 이상으로 구성되며, 주인공의 성장과 다양한 인물들의 내면을 서사적으로 풀어 낼 수 있다. 반면 같은 이야기를 영화로 구성할 경우, 2시간 안에 중심 인물과 갈등, 결말까지 응축해야 하므로 서사의 밀도와 압축이 강조된다. 유튜브 등의 플랫폼에서는 동일한 드라마 내용을 20분 내외로 요약 편집하여 주요 사건과 대사 위주로 빠르게 전달하기도 한다. 이처럼 미디어의 형식은 콘텐츠의 **서사 구조, 시간 구성, 시청 방식**까지도 전반적으로 바꾸게 된다.

미디어는 콘텐츠를 어떻게 변화시키는가?

미디어는 콘텐츠의 형식, 길이, 리듬, 문법을 결정짓는다. 짧은 호흡의 틱톡 콘텐츠는 10초 이내에 강한 인상을 남겨야 하고, 유튜브 콘텐츠는 3초 이내 후킹(몰입 포인트)이 중요하며, 넷플릭스 시리즈는 **플랫폼 알고리즘을 고려한 회차 간 클리프행어 구조**를 필요로 한다.

최근에는 '쇼츠(Shorts)'라는 형식의 등장이 미디어가 콘텐츠의 형식 자체를 변화시킨 대표적인 사례가 되었다. '틱톡'이라는 플랫폼에서 유래한 이 초단편 영상 포맷은 15초에서 1분 이내의 짧은 길이로 시청자의 즉각적인 반응과 반복 시청을 유도한다. 이후 유튜브는 '쇼츠' 기능을 도입하며 기존의 영상 제작 흐름과 리듬에 큰 변화를 가져왔다.

긴 호흡의 콘텐츠가 주를 이루던 유튜브 플랫폼 내에서도 쇼츠는 훨씬 짧은 컷 편집, 강렬한 첫 장면, 밈(meme) 활용 중심의 콘텐츠가 주목받게 되었으며, 이는 제작자들이 서사 중심 콘텐츠뿐 아니라 '순간적 몰입'을 전제로 한 포맷을 별도로 기획하게끔 만들었다.

"플랫폼마다 콘텐츠를 푸는 방식이 달라야 한다. 같은 이야기라도 전달 구조와 시청 흐름을 다시 짜야 한다."

- 김태호 PD, 〈MBC 라디오 특강〉 인터뷰 중(2021)

예시:

· 〈지금 우리 학교는〉 : 원작 웹툰의 호러 감성을 넷플릭스 드라마 포맷에 맞춰 재 조직

· 〈재벌집 막내아들〉 : '드라마 → 웹소설 → 웹툰'으로 다양한 미디어를 넘나드는 리메이크 전략

위의 두 사례는 모두 넷플릭스에서 방영되었지만, 원작의 미디어 형식이 다르게 시작되었다는 점에서 주목할 만하다. 〈지금 우리 학교는〉은 원래 웹툰으로 연재된 이야기를 실사 드라마로 각색한 사례이며, 〈재벌집 막내아들〉은 웹소설로 시작해 드라마로 제작되었고, 이후 웹툰으로도 확장되었다. 이는 하나의 이야기(IP)가 다양한 미디어를 통해 재해석되고, 각 미디어의 특성에 맞게 콘텐츠 형식과 서사가 조정되는 대표적인 예라 할 수 있다.

콘텐츠를 제작함에 있어 원작이 존재하는 경우, 그 다음 단계에서 어떤 미디어로 확장하거나 재창조할 것인가가 중요한 관건이 된다. 이때 가장 중요한 점은 원작의 서사적 특성과 정서를 충실히 살리면서도, 새로운 미디어의 문법에 적절히 맞춰 내야 한다는 것이다. 특히 원작에 대한 충성도 높은 팬덤이 형성되어 있을 경우, 기존 팬들의 기대를 저버리지 않으면서도 새로운 시청층에게 확장 가능성을 확보하는 전략이 필요하다.

미디어가 바뀜에 따라 등장인물의 감정선, 사건의 배치, 시청

자와의 인터랙션 방식 등도 전혀 달라지며, 이 과정에서 콘텐츠는 더 넓은 층의 관객에게 도달할 수 있는 확장력을 갖게 된다.

콘텐츠가 미디어를 만든다

흥미롭게도 미디어는 콘텐츠에 영향을 줄 뿐만 아니라 **콘텐츠가 특정 미디어의 정체성을 규정하기도 한다.** 알맹이가 되는 콘텐츠가 미디어의 성격과 이용 방식에 깊은 영향을 미치는 사례가 점차 늘어나고 있으며, 이는 콘텐츠가 플랫폼을 '도구'에서 '환경'으로 바꾸고 있음을 보여준다. 특히 유튜브와 틱톡 같은 플랫폼에서는 사용자의 UCC(User Created Content) 활동을 중심으로 콘텐츠의 형식과 장르, 문법이 급속히 재편되면서 그 자체로 미디어의 정체성이 형성되고 있다.

이는 마치 컴퓨터 프로그래머가 자신이 만든 프로그램의 모든 기능을 인지하지 못하는 것과 비슷하다. 복잡한 3D 그래픽 소프트웨어에서는 실제로 테스터나 사용자 커뮤니티가 새로운 기능을 발견하거나 예기치 못한 활용법을 개발하기도 하듯, UCC 생태계도 제작자와 사용자 간의 예측 불가능한 상호작용을 통해 미디어의 진화를 이끌어 내고 있다.

· **유튜브** : 원래 영상 플랫폼이었지만 게임 방송, 브이로그, 다큐, 강의 등으로 '모든 콘텐츠의 미디어'로 확장

· **트위치** : 게임 중심 플랫폼이었으나 요리 방송, 작곡 방송 등으로 문화적 다양성 확보

· **인스타그램**: 사진 중심에서 쇼츠, 릴스 영상 중심으로 이동하며 영상 퍼스트 미디어로 변화

"처음엔 도구였던 플랫폼이 이제는 콘텐츠 생산지이자 경쟁자다."

– 정찬용, JTBC 콘텐츠전략국장 인터뷰(2023)

이처럼 지속적으로 변화하는 플랫폼 안에서 콘텐츠는 다양한 몰핑이 이뤄지는 중이다. 그리고 뒤에서 더 자세히 설명하겠지만, 인공지능(AI)의 발전으로 인해 생성형 콘텐츠, AI 아바타, 자동화된 영상 편집 등 새로운 형태의 콘텐츠들이 빠르게 등장하고 있으며, 이는 콘텐츠가 플랫폼에 종속되던 구조에서 벗어나 **플랫폼과 콘텐츠가 동시에 진화하는 상호작용의 흐름**을 강화하고 있다. AI 기반 콘텐츠는 창작자의 기획 의도뿐 아니라, 알고리즘과 사용자의 피드백에 따라 **자율적으로 발전하는 콘텐츠 생태계**를 만들어 가고 있는 것이다.

플랫폼 중심 콘텐츠 기획의 시대

오늘날 미디어는 단순히 콘텐츠를 담는 수단이 아니라, **콘텐츠 기획과 제작까지 좌우하는 강력한 구조**가 되었다. 최근에는 콘텐츠를 기획할 때 '어떠한 그릇(미디어)에 담을 것인가?'를 우선적으로 고민하는 것이 일반적이다. 이 결정은 해당 미디어를 사용하는 **사용자층의 연령, 취향, 소비 맥락**과 밀접한 연관이 있으며, 콘텐츠의 주제와 형식이 그들의 **호기심이나 니즈를 충족시킬 수 있느냐가** 성공 여부를 좌우하는 중요한 판단 기준이 된다. 유튜브, 넷플릭스, 틱톡은 각각 고유의 알고리즘, 트렌드, 유통 구조를 기반으로 제작자들에게 **기획 전략을 재정의할 것**을 요구한다.

최근 〈Kpop Demon Hunters〉는 아주 플랫폼 중심 콘텐츠 시대에 커다란 쇼크로 작용하였다. OTT 플랫폼을 위한 장편 애니메이션이었지만, 전 세계 어린이들이 따라 부르는 기현상이 일어났다. 뿐만 아니라 부모 세대까지 함께 보는 디즈니만이 할 수 있었던 '전체 연령 시청'의 문을 연 것이다. 물론 실제 시청 연령은 15세 이상이지만 이 애니메이션은 어두운 것이 무서워 극장에 들어가기 싫어하는 어린이들이 어둡지 않은 자기 집에서 노래를 부르며 춤을 따라 추는 행위를 가능하게 했다. 그리고 이것은 어린이들의 특징인 N차 관람 효과와 시청 연령에 민감하게 반응하며 아이들이 혼자 시청하는 것을 걱정하는 어른들의 시선까지 사로잡은 것이다.

- **유튜브** : 썸네일, 제목, 시청 유지율, 평균 시청 시간'을 기반으로 한 후킹 콘텐츠 기획 필수
- **넷플릭스** : 1화에 강한 몰입, 전 세계 시청자 공감 테마 필요
- **틱톡** : 고속 소비 패턴을 위한 밈(meme) 기반 콘텐츠 설계

이로 인해 콘텐츠 제작자들은 단지 '무엇을 만들 것인가?'보다 **'어디에 올릴 것인가에 맞게 어떻게 변형할 것인가?'**를 더 먼저 고려하게 되었다.

3. 좋은 콘텐츠란 무엇인가?

"좋은 콘텐츠는 소비자가 스스로 자신의 시간을 지불하고자 한다."

무엇이 좋은가?

우리는 콘텐츠를 소비하기 위해 실제 돈을 지불하거나, 시간을 들이거나, 때로는 그 둘 모두를 사용한다. 유튜브나 SNS에서 제공되는 콘텐츠가 무료로 보일지라도, 그것을 즐기기 위한 우리의 시간은 곧 비용이다. 만족하지 못한 콘텐츠를 본 소비자들이 악플을 달거나 별점 테러를 하는 이유도 여기에 있다. 그들은 단지 재미없었다는 실망을 넘어, '낭비된 내 시간'에 대해 감정적으로 반응하는 것이다.

특히 영화 콘텐츠의 경우, 소비자가 지불하는 것은 단지 티켓값이 아니다. 영화관까지의 이동 시간, 교통비, 팝콘과 음료 같은 부가 지출까지 포함하면 콘텐츠에 대한 전체 소비 비용은 훨씬 커진다. 이러한 관점에서 볼 때, 최근 영화관 관객 수가 줄어든 이유는 단순히 코로나19의 영향만은 아닐 수 있다. 팬데믹 시기를 거치며 사람들은 OTT를 통해 유사한 콘텐츠를 훨씬 더 저렴하고 편하게 접할 수 있었고, 결과적으로 영화관 콘텐츠에 대한 기대치와 가치 판단 기준이 높아진 것이다. 소비자들은 이제 더 많은 비용을 지불해야 하는 콘텐츠라면, 그만큼의 '정당한 감정적·서사적 만족'을 반드시 얻기를 기대한다.

좋은 콘텐츠란 단순히 '재미있는 콘텐츠'를 뜻하지 않는다. 그것은 **정보, 감정, 통찰, 경험**을 유의미하게 전달하며, 소비자와의 관계를 형성하고, 반복 소비와 공유를 유도하는 구조를 가진다. 여기에서는 좋은 콘텐츠의 기준을 여러 각도에서 분석하고, 실제 성공 사례를 통해 그 공통점을 파악해 본다.

좋은 콘텐츠의 핵심 요소

명확한 타깃

좋은 콘텐츠는 누구에게 향하고 있는지를 정확히 안다. 연령, 성별, 관심사, 콘텐츠 소비 시간대 등 **구체적인 타깃 정의**는 기획의 핵심 요소다. 기획자마다 자신이 잘하고 좋아하는 콘텐츠 영역이 있지만, 그것이 곧 소비자가 좋아하는 것이라고 단정할 수는 없다.

필자는 과거 패션 디자이너가 되고 싶어 학원에 다니던 시절, 한 현업 디자이너에게 이렇게 물은 적이 있다.

"왜 한국의 아주머니들 옷은 다 저렇게 칙칙하고 멋이 없나요?"

그때 디자이너는 이렇게 답했다.

"그 옷을 디자인한 사람들은 자신이 입을 옷이 아니라, 그 옷을 입을 사람의 취향에 맞춰 디자인합니다."

이 일화는 콘텐츠에도 그대로 적용된다. 예를 들어, 유아·아동 애니메이션을 제작하는 프로듀서가 반드시 유아·아동 취향을 좋아해야만 하는 것은 아니다. 중요한 것은 **누가 이 콘텐츠를 소비할 것인가, 그들의 정서와 관심사는 무엇인가, 어떤 포맷이 그들에게 가장 적절한가**를 명확히 알고 기획하는 것이다. 타깃에 대한 선명한 정의는 콘텐츠의 주제, 연출, 캐릭터 설정, 마케팅 방향까지 모든 것을 결정짓는 기준점이 된다.

매력적인 시작

첫 3초 혹은 첫 문장, 첫 장면이 관건이다. 이는 디지털 콘텐츠 시대에 더욱 강조된다. 필자가 애니메이션 공부를 끝내고 포트폴리오를 만들 때 일이다. 선생님이 "길게 만드는 것은 필요없고 5초 안에 눈길을 끌어야 한다. 그래야 나머지도 봐 줄 것이다."라고 했던 말씀을 아직도 기억한다. 이것은 콘텐츠에 정확히 통용된다. 실례로 광고는 어떠한가? 광고는 최근 점점 짧아져서 15초, 30초 하던 것들이 이제는 5초, 10초 대로 아주 짧아지고, 심지어 한 장의 그림이나 사진으로 전달하기도 한다. 그만큼 첫 눈에 내가 소비자에게 전달하고자 원하는 내용을 초반에 담아 줘야 소비자는 채널을 돌리지 않고 마지막까지 콘텐츠를 소비해 줄 것이다. 물론 5초 이후에 몰입시키지 못한다면, 반드시 채널은 돌아간다. 이러한 경향은 최근 들어 쇼츠 때문에 더 높아졌다. 생각해 보라. 여러분은 30초에서 1분짜리 쇼츠를 1시간도 넘게 보고 있는 자신을 발견할 수 있다.

스토리텔링의 힘

첫 3초 혹은 첫 문장,콘텐츠의 본질적인 힘은 스토리에 있다. 단순히 정보를 나열하는 콘텐츠는 쉽게 흥미를 잃게 만들지만, 이야기를 담은 콘텐츠는 감정적 연결을 유도하고 오랫동안 기억에 남는다. 예를 들어, 복잡한 정보를 딱딱하게 전달하면 금방

잊히지만, 흥미로운 사례나 인물 중심의 스토리와 함께 전달하면 소비자는 그 정보를 자연스럽게 기억하게 된다.

대표적인 예로 〈세상에서 가장 쉬운 물리〉 같은 교육 유튜브 콘텐츠들은 공식과 이론을 전달할 때 유명한 과학자들의 일화나 발명 배경 같은 이야기 구조를 통해 정보를 전달함으로써 학습자의 몰입과 이해도를 높인다. 또 광고에서도 단순한 제품 설명보다 감동적인 가족 이야기, 성장 서사, 위기 극복 스토리 등을 통해 브랜드에 대한 정서적 신뢰를 구축한다.

스토리텔링은 시청자가 콘텐츠 속 상황에 감정을 이입하게 만들고, 이를 통해 **지속적인 시청, 공유, 구독**까지도 유도한다. 서사 구조는 콘텐츠의 '줄거리'를 넘어, 콘텐츠가 살아 움직이게 하는 생명력이다.

정서적 연결

좋은 콘텐츠는 관객의 감정을 건드릴 수 있어야 한다. 공감, 웃음, 분노, 위로 등 정서적 자극이 있어야 콘텐츠는 기억에 남고, 사용자와 지속적인 관계를 형성할 수 있다. 정서적 연결이 강할수록 소비자는 콘텐츠를 단지 '보는 것'을 넘어 '느끼고, 이야기하고, 공유하는 경험'으로 받아들인다.

예를 들어 〈슬기로운 의사생활〉과 같은 드라마는 병원이라는 일상적 공간 속에서 친구, 가족, 삶과 죽음이라는 테마를 풀어

내며 시청자의 감정을 깊이 자극한다. 또한 〈이상한 변호사 우영우〉는 자폐 스펙트럼을 지닌 주인공을 중심으로 다양성과 포용이라는 정서를 자연스럽게 담아내며, 한국뿐 아니라 글로벌 시청자들에게도 큰 감동을 전달했다.

광고에서도 이러한 정서적 설계는 명확히 드러난다. 단순히 제품 기능을 설명하기보다는 어린 시절의 기억, 부모의 희생, 연인과의 이별 같은 보편적 정서를 자극하는 광고가 소비자의 기억에 오래 남고 구매 전환으로 이어지는 경우가 많다.

이처럼 정서적 연결은 콘텐츠의 메시지를 강화하고, 콘텐츠를 '함께 느끼는 기억'으로 전환시키는 힘이 있다. 이는 콘텐츠의 반복 소비와 커뮤니티 형성, 나아가 브랜딩의 핵심 전략이 되기도 한다.

확장 가능성

1회성 콘텐츠보다 시리즈화, IP화, 크로스미디어 전략이 가능한 콘텐츠는 장기적인 관점에서 훨씬 더 큰 가치를 지닌다. 이는 단순한 반복 소비를 넘어서 **세계관의 확장, 캐릭터의 확장**, 팬덤의 확장까지 이어지는 구조를 의미한다.

예를 들어 〈해리포터〉는 단순한 소설에서 시작하여 영화, 게임, 테마파크, 굿즈 등으로 확장되며 글로벌 프랜차이즈로 성장했고, 국내에서도 〈신과 함께〉는 웹툰을 시작으로 영화화, 뮤지컬화, 굿즈 및 전시 콘텐츠 등으로 다방면에 걸쳐 확장되었다.

이처럼 확장성 있는 콘텐츠는 '스토리의 힘'뿐 아니라 **세계관 설계, 캐릭터의 매력, 브랜드화 전략**까지도 갖춰야 한다. 또한 확장 가능성은 단지 창작자의 의도뿐 아니라, 팬덤의 참여와 재해석(팬 콘텐츠, 밈, 팬픽 등)에 따라 더욱 살아 움직이는 생태계로 작동하게 된다. 좋은 콘텐츠는 결국 '계속될 수 있는 이야기'를 가진 콘텐츠다.

좋은 콘텐츠의 다양한 유형과 전략

좋은 콘텐츠는 그 성격에 따라 전략이 다르며, 각 유형은 특정 소비자 심리와 사용 환경을 겨냥한다. 다음은 유형별 전략과 대표 사례를 함께 정리한 표이다.

유형	전략적 특징	대표 사례 및 설명
정보	정확도, 신뢰도, 구조화된 정보 제공, 이해하기 쉬운 시각화	〈세상에서 가장 쉬운 경제〉, 〈과학쿠키〉등 학습 기반 유튜브 콘텐츠
감성	감정 자극, 공감 유도, 연출 중심, 음악과 이미지의 감성 조화	〈어쩌다 사장〉, 〈윤스테이〉 등 일상 + 정서 콘텐츠
실용	즉시 활용 가능성, How-to 형식, 반복 소비 유도	〈밀라논나〉의 요리 콘텐츠, 〈리하우스〉 인테리어 팁 영상
밈 (meme)	짧고 강렬한 임팩트, 재생산 가능성, 패러디 유도, 문화 코드 활용	틱톡 챌린지, 유튜브 숏츠의 패러디 영상, '짤방' 중심 콘텐츠
커뮤니티 기반	댓글 참여, 팬 콘텐츠 확장, 라이브 소통 등 사용자 참여를 통한 서사 강화	〈침착맨〉 실시간 방송, 〈자이언트 펭TV〉 커뮤니티 기반 팬 콘텐츠

또한 최근에는 여러 유형이 혼합된 하이브리드 콘텐츠도 주목받고 있다. 예컨대, 〈피식대학〉은 정보 + 감성 + 밈 콘텐츠가 혼합된 하이퍼리얼리즘 예능으로 큰 호응을 얻었으며, 〈문명특급〉은 정보 전달 포맷을 차용한 감성 + 밈 콘텐츠로 문화적 파급력

을 얻었다.

이처럼 콘텐츠 유형에 따라 접근 방식은 다르지만, 모든 유형은 궁극적으로 **사용자와의 정서적 거리**를 좁히고, **참여와 공유를 유도하는 방식**으로 설계될 때 성공 확률이 높아진다.

좋은 콘텐츠의 사례 분석

좋은 콘텐츠는 각기 다른 방식으로 소비자의 주목을 끌고, 정서적 연결을 형성하며, 장기적으로 확장 가능성을 증명한다. 다음은 국내외에서 검증된 다양한 콘텐츠 사례를 전략별로 분류한 분석이다.

플랫폼형 콘텐츠 성공 사례

· 〈피지컬: 100〉(넷플릭스) → 대중성 + 인간 본능 자극 + 서바이벌 포맷의 스토리텔링: 남녀노소 다양한 출연진 구성으로 '공정성'과 '몰입감'을 동시에 확보. 인간의 체력, 경쟁, 도전이라는 본능적 요소를 시리즈 구조로 엮음. 시즌 2, 〈피지컬 아시아〉는 물론 각국의 피지컬 시리즈로 제작 중이라고 함.

· 〈솔로지옥〉(넷플릭스) → 글로벌 정서 반영 + 미디어 최적화 포맷: 한국 예능 최초로 넷플릭스 글로벌 톱10 진입. 현실 연애와 서바이벌 요소를 결합하고, K-드라마식 감성 연출로 해외 시청자에게 정서적 공감 유도.

캐릭터 기반 콘텐츠 성공 사례

· 〈자이언트 펭TV〉(EBS) → **타깃 명확성 + 캐릭터 활용 + 미디어 믹스 확장성**: 유아용 방송을 넘어 직장인, 청소년 타깃으로 팬덤 확장. 굿즈, 라이브 공연, 협업 마케팅 등으로 콘텐츠 수익 모델 다각화.

· 〈침착맨〉(유튜브) → **캐릭터성 + 일관된 콘셉트 + 실시간 소통**: 장르를 넘나드는 자유로운 방송 스타일과 특유의 언어로 충성도 높은 커뮤니티 형성. 시청자와의 실시간 상호작용으로 브랜드화 성공.

하이브리드 콘텐츠 성공 사례

· 〈피식대학〉(유튜브) → **정보 + 감성 + 밈 구조 결합**: 현실감 있는 직장생활 시리즈, 인물 몰입 중심 스토리, 광고와 연계된 브랜디드 콘텐츠 모두 성공. 브랜드·문화·콘텐츠가 결합된 모델로 평가받음.

· 〈문명특급〉(SBS 디지털 스튜디오) → **밈 중심 콘텐츠 + 정보 콘텐츠의 재해석**: 레트로 문화와 트렌드 인터뷰를 결합, Z세대 타깃 콘텐츠로 급부상. 편집 문법과 진행자의 캐릭터성으로 유튜브 알고리즘에 최적화.

· 〈침착맨〉(유튜브) → **캐릭터성 + 일관된 콘셉트 + 실시간 소통**

· 〈자이언트 펭TV〉(EBS) → **타깃 명확성 + 캐릭터 활용 + 미디어 믹스 확장성**

최근 성공 콘텐츠의 공통점은 명확하다.

첫째, 언어 장벽을 낮추는 구조적 설계.
둘째, 플랫폼 알고리즘을 이해한 편집 및 공개 전략.
셋째, 시즌제·파생 콘텐츠·브랜드 협업으로 확장 가능한 IP 구조.
넷째, 커뮤니티 기반 팬덤 형성.

이 네 가지 요소는 콘텐츠가 단순 소비재가 아니라, **지속 가능한 문화 자산**으로 전환되기 위한 조건이다.

유튜브 트렌드 책임자였던 Kevin Allocca는 한 강연에서 다음과 같이 말했다.

"성공한 콘텐츠는 트렌드를 따르지 않는다. 오히려 트렌드를 만든다."

이는 단순한 수사적 표현이 아니다. 성공한 콘텐츠는 이미 존재하는 수요를 읽는 동시에, 그 수요를 구조화하고 재정의한다. 결국 좋은 콘텐츠란, 소비자의 현재 욕망을 충족시키는 동시에 미래의 소비 패턴을 설계하는 기획의 산물이다.

좋은 콘텐츠는 무엇을 바꾸는가?

좋은 콘텐츠는 단순히 시청률이나 조회수만을 바꾸는 것이 아니다. 그것은 사람들의 **일상, 인식, 언어, 소비 습관, 문화적 코드**까지 바꾸는 힘을 지닌다. 콘텐츠는 단순한 영상이나 글 이상의 존재로, 개인의 정체성과 사회의 분위기, 기업의 브랜딩 전략까지 변화시킨다.

일상의 변화

〈삼시세끼〉와 〈윤스테이〉 같은 예능 콘텐츠는 단순한 관찰 예능을 넘어 '슬로우 라이프', '자연주의', '힐링'이라는 새로운 일상 문화를 만들어 냈다. 이러한 콘텐츠 이후 캠핑, 시골 체험, 요리 콘텐츠의 수요가 급증했고, 관련된 상품 판매도 함께 성장했다.

언어의 변화

밈 콘텐츠는 짧은 유행어 하나로도 대중의 언어를 바꾸고, 커뮤니케이션 방식에 영향을 미친다. 예를 들어 "내가 그린 기린 그림은..."처럼 바이럴 밈은 일상의 말투, 온라인 댓글, 광고 카피에까지 침투한다.

정치·사회적 영향력

〈나는 가수다〉, 〈스브스뉴스〉, 〈그것이 알고 싶다〉 같은 콘텐츠는 여론을 형성하고, 사회 문제에 대한 인식을 환기시키는 힘을 지닌다. 〈세월호 다큐〉나 〈탐사보도 세븐〉 같은 프로그램은 시민 담론에 실질적 영향을 주었다.

브랜딩과 소비 변화

〈자이언트 펭TV〉는 공공기관 콘텐츠가 어떻게 엔터테인먼트 산업으로 진입할 수 있는지를 보여주었고, 〈지구오락실〉이나 〈스트릿 우먼 파이터〉는 K-브랜드와 제품을 글로벌로 확산시키는 핵심 채널이 되었다.

교육과 자기계발

〈EBS 다큐프라임〉, 〈하버드 특강〉 같은 고품질 정보 콘텐츠는 단순히 지식을 전달하는 것을 넘어 학습의 욕망을 자극하고, 콘텐츠 자체가 '배움의 브랜드'로 기능하게 된다.

이처럼 콘텐츠는 개인의 취향을 넘어 **집단 정체성, 사회 담론, 정치 인식, 브랜드 경험**까지 바꾸는 '문화적 에이전트'로 기능하며, 오늘날 그 영향력은 점점 더 커지고 있다. 콘텐츠는 이제 **소통의 도구이자 사회적 변화의 동력**으로 진화했다.

2장
미디어의 역사와
콘텐츠의 진화

1. 콘텐츠의 시작: 그림과 구전에서 기록으로

콘텐츠의 기원은 인류가 자신들의 감정, 경험, 지식, 신념을 '남기고자' 한 순간부터 시작되었다. 기록 이전의 시대, 콘텐츠는 '구술'과 '이미지'를 중심으로 존재했다. 즉 이야기와 그림이었다.

콘텐츠의 시작: 이미지

구석기 시대의 벽화

프랑스의 라스코 동굴벽화(기원전 17000년경)는 단순한 사냥 장면 이상의 의미를 담고 있다. 동물의 위치, 상징적 문양, 인간과 자연의 관계 등을 그린 이 벽화는 생존 지식의 전달이자 종교적 제의의 수단이자, 초기 '스토리텔링 콘텐츠'였다.

· **알타미라 동굴 벽화(스페인)**: 역시 입체적 벽면을 활용한 회화로, 초기 시청각 콘텐츠의 원형이라 할 수 있다.

· **이집트 벽화와 상형문자**: 파피루스에 쓰인 『사자의 서』와 벽화들은 종교적 상징과 신화적 서사를 시각 콘텐츠로 압축한 것으로, 회화와 문자 콘텐츠의 결합을 보여준다.

문자 이전의 콘텐츠

문자 이전의 콘텐츠는 구전(口傳) 방식으로 전해졌다. 조상 전설, 창세 신화, 역사적 사건, 영웅담 등은 노래, 시, 제의 등과 결합하여 공동체를 하나로 묶는 **집단 서사 콘텐츠**였다.

· **메소포타미아의 『길가메시 서사시』**: 기원전 2100년경 점토판에 쐐기문자로 기록된 이 서사시는, 본래 구전되던 전설을 기록한 대표 사례로, 콘텐츠가 '기록물'로 남기 시작한 상징적 순간이다.

· **고대 그리스의 『일리아드』와 『오디세이』**: 역시 수백 년간 시인들이 음유 시로 읊던 구전 콘텐츠가 호메로스에 의해 기록되어 전해진 것이다. 이는 콘텐츠의 '기록화'가 **보존성, 반복성, 확장성**을 가능케 했다는 점에서 결정적인 전환점이다.

고대 로마와 초기 문자 콘텐츠

고대 로마는 단순한 군사 제국을 넘어, 문서와 기록을 기반으로 한 강력한 콘텐츠 생산 시스템을 구축했다. 공공 연설, 역사 기록, 공문서, 비문 등 다양한 형태의 기록 콘텐츠가 존재했다.

- **율리우스 카이사르의 『갈리아 전쟁기(Commentarii de Bello Gallico)』**: 이 작품은 로마 장군 카이사르가 갈리아 지역 정벌 과정을 기록한 것으로, 단순한 군사 보고서를 넘어 **자신의 정치적 입지를 위한 전략적 콘텐츠**로도 기능했다. 명확한 문장, 제3자 서술 시점, 정치적 의도 등은 오늘날의 '자기 홍보형 콘텐츠'의 원형이라 할 수 있다.
- **비문의 문화**: 트라야누스 원주나 개선문에 새겨진 부조와 문자들은 로마의 정복 서사를 시각화한 콘텐츠였다. 이는 **공공 미디어의 초기 형태**로서 제국의 이념을 대중에게 반복적으로 각인시키는 기능을 했다.

종교 콘텐츠와 이미지의 시대

기독교의 확산과 함께 벽화, 모자이크, 성경 사본 삽화 등은 초기 대중 콘텐츠로서 기능했다. 글을 읽지 못하는 대중을 위해 시각적 상징으로 신앙과 도덕, 신화를 전달했다.

고대 모자이크 이미지

- **기독교 이전 로마의 모자이크와 조각**: 신화와 황제를 표현한 조각상, 모자이크 벽화 등은 시각적 권위와 메시지를 전달하는 콘텐츠로 작용했으며, 이는 후대의 종교 콘텐츠에 큰 영향을 주었다.
- **로마시대 카타콤 성화(3세기)**: 지하 묘지 벽에 그려진 예수와 성인의 이미지들은 당시 핍박받던 기독교인들의 신앙 콘텐츠이자, 구전보다 강력한 시각 메시지를 담고 있었다.
- **중세 성당 벽화와 스테인드글라스(12~14세기)**: 〈천지창조〉, 〈최후의 심판〉등의 장면은 성경을 읽지 못하던 농민들에게 시청각 콘텐츠로써 신의 메시지를 전달했다.

2. 활자 미디어와 이야기의 기록

인쇄술은 콘텐츠 유통에 있어 획기적인 기술적 진보였다. 문자로만 전해지던 콘텐츠가 **대량 복제와 공공 보급**이 가능해지면서, 지식과 정보는 소수 지식인과 성직자 계층을 넘어 대중의 손에 도달하게 되었다. 이로써 '콘텐츠의 민주화'가 본격적으로 시작된 것이다.

이미지 인쇄술 이전의 저술

· **구텐베르크의 금속활자(1450년경)**: 종교 콘텐츠의 대중화를 가져왔다. 라틴어로만 있던 성경이 독일어로 번역되어 배포

되면서 종교개혁을 촉발시켰고, 이는 콘텐츠가 **권력과 사상의 전파 수단**이 될 수 있음을 증명했다.

· **루터의 〈95개조 반박문〉**(1517): 활자 인쇄된 팸플릿으로 유럽 전역에 퍼져 나갔다. 활자 콘텐츠가 '운동'을 만들어 낸 대표 사례다.
· **초기 삽화와 풍자 판화**: 16~17세기 유럽에서는 성경 삽화 외에도 정치 풍자, 사회 비판을 담은 목판화와 동판화가 대중적 콘텐츠로 유통되었다. 영국의 윌리엄 호가스는 〈매춘부의 진보〉등 연작 판화로 당시 런던의 사회상을 날카롭게 묘사하며, **삽화와 서사가 결합된 시각 콘텐츠**의 선구자가 되었다.
· **신문의 등장과 정보 콘텐츠의 탄생**: 17세기 독일, 영국 등에서는 활자 인쇄를 바탕으로 한 정기간행물이 출현하며, 시사·정치·경제 정보가 콘텐츠로 소비되기 시작했다. 이는 정보 콘텐츠의 대중화와 저널리즘의 기초가 되었다.

근대적 이야기 구조의 형성

공연 서사에서 산업적 스토리 구조로의 진화

근대적 이야기 구조는 단번에 형성된 것이 아니다. 그것은 공연 예술의 집단 서사, 인쇄 혁명, 종교개혁기의 팸플릿 문화, 계몽주의 시대의 정기간행물, 장편소설의 탄생, 연재 시스템의 산업화 과정을 거치며 점진적으로 정교화되었다. 여기에서는 서사의 구조가 어떻게 '형식'에서 '산업 모델'과 결합된 체계로 발전했는지를 시간순으로 정리한다.

집단 공연 서사의 원형: 고대 그리스 비극

기원전 5세기 아테네의 디오니소스 극장은 서사 구조가 집단적 경험으로 조직된 최초의 공적 플랫폼이었다. 소포클레스와 아리스토파네스의 작품은 '갈등, 전개, 절정, 해소'라는 구조적 질서를 명확히 갖추고 있었다. 특히 비극은 인물의 선택과 운명, 개인과 공동체의 충돌을 통해 카타르시스를 유도했다.

이 시기의 이야기는 이미 고도로 구조화되어 있었지만, 공연은 일회적 경험에 가까웠다. 기록과 반복 소비, 대량 확산이라는 개념은 아직 미비했다. 따라서 이 단계는 '구조의 탄생'이지만 '산업적 서사'의 단계는 아니었다.

인쇄혁명과 콘텐츠 확산 구조의 전환

15세기 중엽 금속활자의 등장은 이야기의 구조 자체보다는 유통 구조를 먼저 변화시켰다. 텍스트는 복제 가능한 상품이 되었고, 콘텐츠는 권위의 상징에서 대중적 소비재로 이동하기 시작했다.

16세기 종교개혁기의 팸플릿과 인쇄물은 사상의 확산 속도를 가속화했다. 특히 루터의 〈95개조 반박문〉은 활자를 통해 광범

위하게 유통되었고, 이는 콘텐츠가 사회 변동을 촉발할 수 있는 힘을 지녔음을 보여주었다.

이 시점에서 중요한 것은 '콘텐츠의 영향력'이 구조적 확산 시스템과 결합되었다는 점이다. 이야기의 힘은 이제 물리적 공간을 초월하게 된다.

르네상스와 셰익스피어: 인간 내면의 구조화

16~17세기 영국의 윌리엄 셰익스피어는 서사 구조의 심리적 깊이를 비약적으로 확장했다. 그의 비극과 희극은 단순한 플롯 중심 전개를 넘어, 인물의 내적 갈등과 모순을 구조의 중심에 배치했다.

『햄릿』은 복수 서사이지만 동시에 인간의 우유부단함과 존재론적 불안을 탐구하는 심리 드라마다. 『로미오와 줄리엣』은 사랑 이야기이지만, 개인적 감정이 사회 구조와 충돌하는 비극적 구조를 갖는다.

셰익스피어의 작품은 공연 예술의 형식을 유지하면서도, 근대 소설이 발전시키게 될 '개인의 내면 서사'의 기반을 마련했다. 즉 그는 고전 공연 서사와 근대 개인 서사 사이를 잇는 전환적 위치에 있다.

시각 서사의 연속성: 연작 판화의 등장

18세기 영국의 월리엄 호가스는 연속된 판화를 통해 시각적 서사를 구성했다. 하나의 이미지가 아닌 여러 장면의 배열을 통해 인물의 몰락 과정을 보여주었으며, 이는 시간의 흐름을 시각적으로 분절하는 방식이었다.

이 구조는 이후 만화, 스토리보드, 애니메이션 콘티, 웹툰의 장면 분할 방식으로 이어진다. 시각 콘텐츠가 '연속적 이야기 구조'를 갖게 된 중요한 전환점이었다.

근대 장편소설의 탄생: 개인 중심 서사의 확립

18세기 영국 소설은 이야기 구조의 질적 전환을 완성했다. 다니엘 디포의 『로빈슨 크루소』는 개인의 생존과 내적 독백을 중심으로 전개되었고, 새뮤얼 리처드슨의 『파멜라』는 편지 형식을 통해 심리 묘사를 심화했다.

이 시점에서 서사는 신화적 영웅이나 공동체 중심 이야기를 넘어, 근대적 개인의 정체성과 욕망을 중심으로 재편된다. 인물은 상징이 아니라, 구체적 욕망과 결정을 지닌 존재가 된다.

그림 형제와 안데르센: 민담의 구조화와 창작 동화의 탄생

19세기 초 그림형제는 유럽 각지의 민담을 수집하고 편집하여 『어린이와 가정 동화집』으로 출간했다. 이 작업은 단순한 채록

이 아니라, 흩어져 있던 구전 서사를 문학적 구조로 재편하는 과정이었다. 반복 구조, 상징적 인물 유형, 명확한 갈등 구도, 권선징악의 결말은 편집 과정을 거치며 더욱 정형화되었다. 그 결과 민담은 지역 공동체의 구술 전통에서 벗어나 범유럽적 텍스트 자산으로 고정되었다.

반면, 한스 크리스티안 안데르센은 민담을 수집·정리하는 방식이 아니라, 창작 동화를 통해 새로운 서사 방향을 제시했다. 「인어공주」, 「성냥팔이 소녀」, 「미운 오리 새끼」 등은 민담의 외형을 취하면서도 작가 개인의 감수성과 비극적 정서를 강하게 반영한다. 안데르센의 동화는 전통적 권선징악 구조를 유지하기보다는, 인물의 내면 감정과 존재의 고독을 전면화한다는 점에서 근대적 개인 서사의 흐름과 맞닿아 있다.

그림 형제가 '구전 서사의 구조를 고정화한 편집자'라면, 안데르센은 '동화를 근대적 문학 장르로 확장한 창작자'라 할 수 있다. 전자는 서사의 패턴을 체계화함으로써 재생산 가능한 이야기 모델을 제공했고, 후자는 동화가 아동 독자뿐 아니라 성인 독자까지 포괄하는 정서적 장르로 확장될 수 있음을 보여주었다.

이 두 흐름은 현대 콘텐츠 산업의 중요한 원형을 이룬다. 하나는 기존 서사를 재구성하여 IP 자산으로 체계화하는 전략이고, 다른 하나는 창작을 통해 장르의 정서적 스펙트럼을 확장하는 전략이다. 오늘날 애니메이션과 영화 산업에서 고전 민담을 리메이크하거나, 동화적 형식을 차용해 새로운 세계관을 구축하는 방식은 이 두 전통의 결합 위에 서 있다.

19세기 사실주의와 대하서사: 인간과 사회의 총체적 구조화

19세기는 근대적 이야기 구조가 심리적 깊이와 사회적 스케일을 동시에 확장한 시기였다. 이 시기의 작가들은 개인의 내면뿐 아니라, 역사·계급·도덕·국가라는 거대한 구조 속에서 인간을 배치했다.

레오 톨스토이의 『전쟁과 평화』와 『안나 카레니나』는 다층적 인물군과 복수의 서사 축을 통해 '개인과 역사'의 관계를 구조화했다. 특히 『전쟁과 평화』는 전쟁이라는 거시적 사건과 개인의 삶을 교차 편집하듯 병치하며, 서사가 단일 주인공 중심이 아니라 네트워크형 구조로 확장될 수 있음을 보여준다.

도스토옙스키는 『죄와 벌』, 『카라마조프가의 형제들』에서 인간의 내면을 철학적·윤리적 갈등 구조 속에 배치했다. 그의 소설은 사건 중심 플롯을 넘어서 사유와 대화, 심리적 긴장을 서사의 핵심 동력으로 삼는다. 이는 이후 영화와 드라마에서 인물 중심 서사가 심리적 깊이를 확보하는 방식에 직접적인 영향을 미쳤다.

찰스 디킨스는 도시 산업 사회의 현실을 배경으로, 복수 인물과 에피소드가 얽히는 구조를 발전시켰다. 그의 작품은 감정적 몰입과 사회적 메시지를 동시에 설계한 사례로, 상업성과 문학성이 결합된 산업형 서사의 전형을 제시한다.

이 시기의 공통점은 서사가 더 이상 단일 사건의 전개가 아니라, 사회 구조와 인간 군상을 입체적으로 조직하는 장치가 되었다는 점이다. 이야기 구조는 복잡해졌고, 인물 아크는 장기적으로 설계되었으며, 서사는 점차 '세계관'을 형성하는 방향으로 확장되었다.

연재소설과 산업적 스토리 구조의 완성

19세기 빅토리아 시대에 이르러 연재소설은 이야기 구조와 산업 모델의 결합을 완성한다. 찰스 디킨스의 작품들은 잡지에 연재되었고, 각 회차는 클리프행어로 마무리되었다. 독자의 반응은 다음 회차 구성에 반영되었다. 이 구조는 오늘날 드라마 시즌제, 웹소설 플랫폼, OTT 시리즈의 운영 방식과 본질적으로 동일하다. 이야기 구조는 더 이상 순수한 문학 형식이 아니라, 소비 패턴과 결합된 전략적 설계가 된다.

근대 서사에서 애니메이션까지: 이야기 구조의 진화

근대적 이야기 구조의 본질은 '플롯 기법의 진화'에만 있지 않다. 그것은 구조(서사), 매체(기술), 산업(유통·구독 모델)이 교차하며 형성된 체계이다. 이야기는 더 이상 단순한 창작 행위의 결과물이 아니라, 확산 가능하고 반복 소비 가능하며 확장 가능한 시스템으로 조직되었다. 오늘날 드라마 시즌제, 애니메이션 시리즈, 웹소설 플랫폼, OTT 오리지널 콘텐츠가 보여주는 구조적 전략은 바로 이 역사적 축적의 연장선상에 있다.

따라서 근대적 이야기 구조의 형성 과정은 단순한 문학사적 사건이 아니라, 콘텐츠 프로듀싱의 관점에서 볼 때 'IP 설계의 기원'이라 할 수 있다. 구조는 곧 전략이며, 이야기의 형태는 곧 유통 모델과 맞물린다. 이 통합적 관점이야말로 현대 콘텐츠 제작자가 반드시 이해해야 할 역사적 토대이다.

영상 콘텐츠로의 확장

달 세계 여행

· **움직이는 이미지의 실험**: 에밀 레이노(Émile Reynaud)의 프락시노스코프(1877)는 애니메이션의 선구적 장치로, 손으로 직접 그린 연속 이미지가 투사되어 최초의 **극장용 애니메이션 상영 콘텐츠**를 구현했다.

· **에디슨의 키네토스코프(1891)와 뤼미에르 형제의 〈열차의 도착〉(1895)**: 대중이 '움직이는 영상'을 처음으로 경험하게 한 사건이었다. 특히 〈열차의 도착〉은 극장에서 관람자들이 열차가 자신을 향해 돌진해 오는 것처럼 느꼈다고 전해지며, 영상 콘텐츠가 **감각을 자극하는 현실 재현 수단**이 되었음을 보여준다.

· **조르주 멜리에스의 〈달 세계 여행〉(1902)**: 최초의 내러티브 기반 영화이자 특수효과와 세트를 활용한 판타지 콘텐츠의 시작이었다. 영화가 사실적 기록을 넘어서, 상상력과 창작이 중심이 되는 콘텐츠 장르로 진화할 수 있음을 증명했다.

최초의 캐릭터 애니메이션

- 애니메이션의 태동: 제임스 스튜어트 블랙턴의 〈Humorous Phases of Funny Faces〉(1906): 흑백 선화를 이용한 최초의 필름 애니메이션으로 기록된다. 이어 윈저 맥케이의 〈공룡 거티(Gertie the Dinosaur)〉(1914)는 **캐릭터 중심 서사 콘텐츠**의 시초로 평가된다.

- 뤼미에르 형제의 〈열차의 도착〉(1895): 극장에서 대중이 '움직이는 이미지'를 처음 경험한 사건이었다. 이 영상은 단순한 시각 충격을 넘어, **현실을 기록하고 재현할 수 있는 새로운 미디어의 탄생이었다.**

- 1902년 〈달 세계 여행〉(조르주 멜리에스): 최초의 스토리텔링 기반 영화로, 콘텐츠가 '환상'을 전달할 수 있는 장르로 발전하는 전환점이었다.

3. 오디오 미디어의 시대: 라디오와 음성 콘텐츠의 부상

듣는 콘텐츠, 라디오

문자와 인쇄 기반의 미디어가 시각을 중심으로 한 콘텐츠였다면, 20세기 초 등장한 라디오는 '청각'을 매개로 한 전혀 다른 차원의 미디어 혁명을 가져왔다. 라디오는 시간성과 실시간성을 기반으로 **정보, 교육, 오락**의 역할을 수행하며 오디오 콘텐츠의 전성시대를 열었다.

· **1920년 미국 피츠버그 KDKA 방송국**: 세계 최초의 라디오 뉴스 방송이 전파를 탔다. 이 사건은 콘텐츠가 '동시성'을 가지게 되는 첫 계기였고, 미디어가 처음으로 시간에 실시간으로 개입한 사례였다.

· **1930년대 미국의 라디오 드라마**: ⟨워 오브 더 월즈(War of the Worlds, 1938)⟩는 허구의 외계인 침공을 실제처럼 묘사해 미국 전역에 대혼란을 일으켰다. 이는 콘텐츠의 몰입도와 신뢰성, 그리고 미디어의 파급력이 결합될 때 얼마나 강력한 영향을 미치는지를 보여주는 대표적 사례다.

· **2차 세계대전과 라디오의 전략적 활용**: BBC는 전쟁 뉴스, 전장 상황, 군가, 격려 방송 등을 통해 국민의 결속을 다졌다. 라디오는 선전과 심리전, 대중 설득 콘텐츠의 대표 미디어가 되었다.

· **한국의 라디오 역사**: 1927년 경성방송국(JODK)이 한국 최초의 라디오 방송을 시작했다. 이후 광복과 한국전쟁을 거치며, 라디오는 가족이 둘러앉아 듣는 일상 콘텐츠로 자리잡았고, ⟨밤의 디스크쇼⟩, ⟨별이 빛나는 밤에⟩등은 오디오 콘텐츠가 대중 감성에 깊이 뿌리내릴 수 있음을 보여주었다.

· **현대 라디오의 변화**: 1990년대 후반 이후 라디오는 아날로그 송출에서 디지털 방송(DAB: Digital Audio Broadcasting)으로 전환되었다. 채널 수의 증가, 음질 향상과 함께 **모바일 앱 스트리밍, 실시간 문자 참여, SNS 연동** 등으로 소비자와의 소통

방식이 다변화되었다.

· **라디오와 인터넷의 결합**: KBS Cool FM, SBS Power FM 등은 유튜브 생중계, 다시 보기 클립, 실시간 채팅 등의 형식으로 **멀티 플랫폼 콘텐츠**로 변모했다. 이는 청취자 중심 오디오 콘텐츠의 새로운 모델을 형성하였다.

· **팟캐스트의 등장과 확장**: 팟캐스트는 라디오의 형식과 장르를 기반으로 탄생했지만, 훨씬 **개인화 되고 틈새 타깃 중심**으로 발전했다. 〈Serial〉, 〈The Daily〉, 〈김영하의 책 읽는 시간〉등은 각기 다른 청취자 층을 형성하며 전문성과 밀착성을 강화했다.

· **AI와 음성 콘텐츠의 미래**: TTS(Text-to-Speech), 보이스 클로닝 등 생성형 AI 기술이 오디오 콘텐츠 제작에 도입되며, 오디오북, 자동 낭독 뉴스, 가상 캐릭터 방송 등 **비용 절감과 대량 콘텐츠 생성의 가능성**을 열고 있다.

오늘날의 오디오 콘텐츠는 단순한 보조 미디어가 아닌, **멀티태스킹 시대에 적합한 주력 콘텐츠 플랫폼**으로 재조명되고 있다. 출퇴근길, 운동, 가사 노동 중 청취할 수 있는 유연함은 시각 콘텐츠가 따라오기 어려운 경쟁력이다.

4. 영상 미디어의 시대:
오디오에서 시청각 콘텐츠로의 확장

20세기 중반, 듣기 위주의 오디오 중심의 콘텐츠 소비에서 벗어나 **눈과 귀를 모두 자극하는 영상 콘텐츠**의 시대가 본격적으로 열렸다. 이는 단순히 기술 진보에 따른 변화가 아니라, **인간의 감각 경험에 대한 콘텐츠 설계 철학의 전환**이었다.

무성영화 시대

오디오에서 영상으로: 역사적 흐름

오디오 콘텐츠에서 영상 콘텐츠로의 전환은 단순한 기술 진보를 넘어, 인간이 감각적으로 정보를 어떻게 인지하고 소비하는지를 바꾼 **미디어 체계의 패러다임** 전환이었다. 다음은 대표적인 역사적 흐름과 사례들이다.

- **에디슨의 키네토폰**(Kinetophone, 1895): 영상과 축음기를 결합한 실험은 영상과 음성이 결합될 수 있다는 가능성을 제시한 초기 사례였다. 이는 향후 유성 영화의 출현을 준비하게 한 전조이기도 하다.
- **1927년 〈재즈 싱어(The Jazz Singer)〉**: 세계 최초의 상업용 유성 영화. 이 영화는 기존의 무성 영화와 달리 인물의 대사와 노래가 동시 전달되며, **오디오와 영상의 완전한 결합**을 실현했다. 이후 전 세계 영화 산업은 급속히 유성 영화 중심으로 재편되었다.
- **라디오 스타의 영상화**: 1930~40년대 미국에서는 인기 라디오 프로그램의 호스트와 성우들이 영화나 TV로 진출했다. 이는 **라디오 기반 캐릭터와 콘텐츠가 영상으로 확장될 수 있음을 보여준 초기 크로스미디어 사례**다.

- **1930~40년대 흑백 영화 시대**: 찰리 채플린의 〈모던 타임즈〉, 프랭크 카프라의 〈스미스 워싱턴에 가다〉등은 시각적 상징과 사회적 메시지를 융합한 콘텐츠로, 영상이 단순 오락을 넘어 비판과 공감의 미디어가 될 수 있음을 보여주었다.

- **1950년대 TV의 등장과 대중화**: 미국의 3대 네트워크(NBC, CBS, ABC)를 중심으로 드라마, 뉴스, 예능 등 다양한 포맷의 영상 콘텐츠가 가정으로 진입했고, 한국에서도 1961년 KBS TV 개국을 기점으로 텔레비전 콘텐츠 시대가 본격화되었다.

- **컬러 영상의 전환기**: 최초의 컬러 영화는 애니메이션이었다. 디즈니의 〈백설공주〉(1937)가 그 시작으로 당시 어마어마한 반향을 일으켰다. 〈오즈의 마법사〉(1939), 〈사운드 오브 뮤직〉(1965) 등은 시각적 감성을 극대화하며 영상 콘텐츠의 몰입도를 한 단계 끌어올렸다.

이처럼 오디오에서 영상으로의 이행은 단절이 아닌 계승과 확장의 역사였다. '이야기, 감정, 정보'라는 콘텐츠의 본질은 유지되었지만, 그것을 감각적으로 전달하는 방식이 시청각 융합 구조로 진화한 것이다.

영상 콘텐츠의 특징적 확장

영상 콘텐츠는 미디어 기술의 발전과 플랫폼의 변화에 따라 다양한 장르와 형식으로 확장되었다. 각 시기마다 새로운 미디어의 등장과 함께 영상 콘텐츠는 새로운 특성과 소비 방식을 만들어 냈다.

초기 TV 콘텐츠

- **텔레비전의 대중화(1950~1970년대):** 미국, 일본, 유럽, 한국 등지에서 텔레비전의 급속한 보급은 가정이 콘텐츠 소비의 중심이 되는 전환점을 만들었다. 극장에 가야만 볼 수 있던 영상물을 가정에서도 볼 수 있게 된 것이다. 또한 영화처럼 한 편의 스토리가 아니라 계속해서 볼 수 있는 롱런하는 시리즈물들이 나타나게 된다. 한국의 〈전원일기〉, 미국의 〈아이 러브 루시(I Love Lucy)〉, 일본의 〈오싱〉같은 드라마들은

가족 중심 서사와 일상성을 전면에 내세운 대표 콘텐츠로 대중성과 감정 몰입을 이끌어 냈다.

· **애니메이션의 안방 점령**: 애니메이션은 극장에서 장편영화 전에 상영되는 성인들이 즐기던 콘텐츠였으나 TV의 등장으로 어린이들이 가정에서 시청할 수 있게 되었다. 디즈니는 물론 워너 브러더스의 〈톰과 제리〉, 한나 바바라의 작품들은 또 다른 코믹한 애니메이션들을 안방에 선사하였다. 또한 일본의 〈우주소년 아톰〉과 같이 뱅크 샷을 사용한 저예산 일본 애니메이션도 TV 애니메이션 콘텐츠의 폭발적인 수요를 메우기 시작했다.

· **영화 산업의 장르 다변화와 블록버스터의 출현**: 〈스타워즈〉(1977), 〈죠스〉(1975), 〈ET〉(1982) 등은 대형 극장용 콘텐츠가 하나의 프랜차이즈로 확장될 수 있다는 가능성을 보여주며, 영화 콘텐츠의 **스토리텔링, 시각 효과, 마케팅의 종합 콘텐츠화**를 촉진했다.

· **인터넷과 스트리밍의 등장(2000년대 이후)**: 유튜브, 넷플릭스, 왓챠 등은 시간과 장소의 제약 없이 온디맨드(On-Demand) 형식으로 콘텐츠를 소비할 수 있는 구조를 만들었고, 이는 '1회 1시간'이라는 기존 방송 문법을 무너뜨렸다.

· **예**: 넷플릭스의 〈하우스 오브 카드〉(2013)는 시즌 전체 공개와 몰아보기 문화(binge watching)의 상징이 되었고, 〈오징

어 게임〉(2021)은 자막을 넘어서 영상 콘텐츠가 언어 장벽을 뛰어넘는 글로벌 파급력을 가질 수 있음을 증명했다.

- **예능과 다큐멘터리의 변형과 발전**: 〈무한도전〉, 〈윤식당〉처럼 한국 예능 콘텐츠는 **가상과 리얼리티의 경계**를 흐리며, 참여형 콘텐츠의 새로운 기준을 제시했다. 넷플릭스의 〈흑백요리사〉, 〈아워 플래닛〉등은 **다큐멘터리를 고감도 시네마 콘텐츠로 전환**하며 장르의 예술화를 이끌었다.
- **애니메이선과 세계관 콘텐츠**: 픽사의 〈토이 스토리〉 시리즈, 지브리의 〈센과 치히로의 행방불명〉, 한국의 〈마당을 나온 암탉〉 등은 애니메이션은 어린이 콘텐츠라는 것을 넘어, 철학과 감성을 담은 **세대 공감형 콘텐츠**로서 영상 애니메이션의 확장을 이끌었다.

영상 콘텐츠는 이렇게 시대마다 새로운 미디어 환경에 적응하며, **기술과 서사, 형식의 진화를 통해 사회적 의미와 감정, 경험을 전달하는 핵심 콘텐츠 장르**로 진화해 왔다. 특히 영상 매체는 등장인물의 감정선과 사건을 시각화하면서 **공감 유도와 내러티브 구조**를 강화했다.

오디오 콘텐츠와 영상 콘텐츠의 경계 융합

· 현대에는 유튜브, 넷플릭스 등 스트리밍 플랫폼이 기존 라디오나 영화관 중심 유통 구조를 완전히 대체하며, 영상 콘텐츠의 소비 방식은 '시간과 장소의 제약 없는 몰입'이라는 새로운 기준을 형성했다.

영상 콘텐츠의 등장은 단순한 기술 진보를 넘어, **감각적 경험과 서사의 심화, 현실과 환상의 재구성, 개인의 경험과 사회 집단의 기억을 연결하는 매개체**로 기능하면서 현대 콘텐츠 산업의 중심축이 되었다.

5. 인터넷과 UCC: 콘텐츠 민주화의 시작

Youtube 콘텐츠의 확산

UCC(User Created Content)의 기원과 확산

UCC는 '이용자 제작 콘텐츠'라는 의미로, 전문가가 아닌 일반 대중이 직접 제작하여 공유하는 콘텐츠를 일컫는다. 인터넷 보급과 함께 1990년대 말부터 이 개념은 급속히 확산되었으며, 이는 콘텐츠 생산 방식의 획기적 전환을 이끌었다.

· **한국의 PC통신과 클럽 문화**(1990년대 후반): 천리안, 하이텔, 나우누리 등 초기 인터넷 커뮤니티에서는 텍스트 중심의 개인 창작 콘텐츠(수필, 소설, 만화)가 공유되었고, ‘동호회’, ‘클럽’ 등의 형태로 발전했다.

· **싸이월드 미니홈피**(2001): 사진, 배경음악, 게시글, 다이어리 등 다양한 형식의 창작물이 결합된 대표적 UCC 플랫폼으로, 사용자 개개인이 미디어 주체가 되는 ‘1인 미디어’의 초석을 다졌다.

· **다음 블로그·네이버 블로그의 등장**: 블로그 플랫폼의 확산은 텍스트뿐 아니라 이미지, 영상, 링크 등을 포함한 하이브리드 콘텐츠의 유통을 촉진했으며, 일상 공유와 정보 전달의 새로운 문화로 정착했다.

유튜브의 탄생과 콘텐츠 플랫폼의 진화 및 글로벌 사례

유튜브의 발전

유튜브 주요 연혁

연도	사건	의의
2005	유튜브 설립(스티브 첸, 채드 헐리, 자웨드 카림)	최초의 대중적 영상 공유 플랫폼, 'Me at the zoo'로 시작
2006	구글에 약 16억 5천만 달러에 인수	글로벌 확장의 기반 마련, 광고·검색 시스템 결합
2010	1080p, 4K 등 고화질 영상 지원	영상 품질의 상향 평준화로 프로 콘텐츠 경쟁 가능해짐
2012	싸이 '강남 스타일' 영상 최초 10억 뷰 돌파	유튜브가 K-POP 등 비영어권 콘텐츠의 글로벌 진출 창구로 기능
2015	유튜브 키즈, 유튜브 레드 (프리미엄) 서비스 런칭	타깃 세분화 및 수익 구조 다양화 시작
2020	유튜브 쇼츠(Shorts) 베타 출시	틱톡 경쟁 대응, 숏폼 콘텐츠 생태계 진입
2023	유튜브 전체 월간 사용자 25억 명 돌파	전 세계에서 가장 영향력 있는 영상 미디어로 자리매김

· **엽기 토끼 '마시마로'의 사례(2000년):** 국내 초기 UCC의 대표 사례로, 대사가 없고 표정과 상황으로 웃음을 주는 '엽기' 스타일의 플래시 애니메이션은 인터넷 커뮤니티를 통해 입소문으로 퍼졌다. 엽기 토끼가 대단한 이유는, 당시는 아직 유튜브도 없던 시대였기 때문이다. 이후 캐릭터 상품화, 라이선싱, 방송 콘텐츠 등으로 확대되며 **초기 바이럴 캐릭터 IP 콘텐츠의 성공 모델**이 되었다.

· **2005년 유튜브의 등장**: 스티브 첸, 채드 헐리, 자웨드 카림
이 공동 창업한 유튜브는 'Me at the zoo'라는 짧은 영상으
로 시작해 세계 최대의 동영상 공유 플랫폼으로 성장했다.
유튜브는 '콘텐츠를 소비하던 사용자'를 '창작자'로 전환시킨
결정적 계기를 제공했다. 누구나 무료로 영상 콘텐츠를 업
로드할 수 있다는 구조는 콘텐츠 제작의 문턱을 혁신적으
로 낮췄다.

· **2006년 구글의 유튜브 인수**: 유튜브는 2006년 약 16억 5천만
달러에 구글에 인수되며 기술적, 재정적 지원을 기반으로 폭발
적인 글로벌 확장을 이루었다. 특히 구글의 광고 플랫폼과 검
색 인프라가 결합되며, 유튜브는 **광고 기반 수익 모델과 검색
중심 콘텐츠 소비 구조**를 함께 제공하는 거대 플랫폼으로 자
리 잡게 되었다.

유튜브를 중심으로 한 UCC(User Created Content)는 개인 창
작자의 아이디어와 디지털 플랫폼의 확산이 결합되며 세계적
문화 콘텐츠로 성장하였다. 다음 사례들은 온라인 플랫폼 기반
콘텐츠가 어떻게 글로벌 문화 현상으로 확장될 수 있는지를 보
여준다.

· **사이먼스 캣**(Simon's Cat): 영국의 애니메이터 사이먼 토필드

가 만든 이 흑백 애니메이션 시리즈는 고양이의 일상을 유머 있게 묘사한 것으로, 자막과 대사 없이도 전 세계적으로 인기를 끌며 유튜브 채널을 넘어 출판, 굿즈, 방송 콘텐츠로 확장되었다.

- **강남 스타일**(PSY, 2012): K-POP 가수 싸이의 유튜브 뮤직비디오는 한국 콘텐츠 최초로 전 세계 대중문화를 강타하며, 유튜브 최초로 조회수 10억 뷰를 돌파한 사례가 되었다. 이는 유튜브가 **글로벌 음악 유통의 중심 플랫폼**으로 전환되었음을 보여준 결정적 사건이다.
- **아기상어**(핑크퐁, 2016): 한국의 스마트 스터디에서 제작한 이 유아 대상 콘텐츠는 중독성 있는 멜로디와 간단한 애니메이션으로 유튜브 역사상 최다 조회수를 기록했다. 아기 상어는 유튜브 기반으로 글로벌 캐릭터 IP로 성장한 대표적인 사례다.

플랫폼 다양화와 숏폼 콘텐츠의 약진

- **틱톡**(TikTok)**의 탄생과 확장**: 중국의 바이트댄스가 2016년 출시한 틱톡은 짧고 중독성 있는 영상(15초~1분)을 중심으로 세계 시장을 장악했다. 자동 반복 재생, 편집 필터, 음악 삽입 기능은 **영상 콘텐츠 소비의 리듬과 스타일을 근본적으로 바꾸었다.**

· 유튜브 쇼츠(Shorts)와 인스타 릴스(Reels): 틱톡의 성공에 대응해 등장한 숏폼 기능은 사용자의 스크롤 기반 '다중 탐색 소비'에 적합한 형식으로, 창작자에게는 **저예산 고도 달성의 콘텐츠 제작 환경**을, 플랫폼에는 **빠른 소비와 반복 노출 기반의 광고 수익 모델**을 제공했다.

콘텐츠 제작의 민주화와 사회적 파급력: 글로벌 관점에서

플랫폼이 곧 미디어가 된 시대, 콘텐츠 생산의 권력 구조는 근본적으로 재편되었다. 과거에는 방송국, 영화 스튜디오, 신문사와 같은 제도권 기관이 콘텐츠 생산과 유통의 관문을 독점했다. 그러나 오늘날에는 개인 크리에이터가 하나의 채널만으로도 수억 명에게 도달할 수 있다.

이는 단순한 기술 발전의 결과가 아니라, **미디어 권력이 제도에서 플랫폼으로 이동한 구조적 변화**를 의미한다. '1인 미디어'라는 용어가 자연스러워진 이유도 여기에 있다.

플랫폼이 곧 미디어가 된 구조

유튜브는 방송 송출 장비나 주파수 허가 없이도 전 세계 시청자에게 즉시 도달할 수 있는 인프라를 제공한다. 알고리즘 기반 추천 시스템은 신생 크리에이터에게도 노출 기회를 부여하며, 구독·댓글·공유 구조는 전통 미디어보다 훨씬 빠른 확산 속도를 만든다.

틱톡 역시 짧은 영상과 강력한 추천 알고리즘을 통해 개인 창작자를 글로벌 스타로 전환시키는 구조를 구축했다. 이 플랫폼에서는 고예산 제작보다 **콘셉트의 명료성, 즉각적 몰입, 밈 확산 가능성**이 더 중요하다.

이러한 변화는 콘텐츠 제작의 진입 장벽을 급격히 낮추었다. 카메라 한 대와 편집 툴만으로도 글로벌 시장에 진입할 수 있는 시대가 열린 것이다.

글로벌 성공 사례

- **MrBeast → 개인이 미디어 기업이 된 사례**: MrBeast는 1인 유튜버로 출발했지만, 현재는 거대한 제작 스튜디오를 운영하며 글로벌 엔터테인먼트 기업가 모델로 진화했다. 그의 콘텐츠는 단순하고 명확하다. "마지막까지 버티면 상금을 준다.", "수백만 달러를 기부한다."와 같은 직관적 콘셉트는 언어 장벽을 최소화한다. 이 구조는 플랫폼 알고리즘에 최적화되어 있으며, 동시에 브랜드 협업과 자체 상품 사업으로 확장된다. 이는 개인 창작자가 어떻게 전통 방송사를 능가하는 영향력을 가질 수 있는지를 보여주는 대표적 사례다.
- **Emma Chamberlain → 진정성 중심 브랜딩**: Emma Chamberlain은 고도의 연출보다 자연스러운 일상 브이로그 형식을 통해 Z세대와 정서적 연결을 형성했다. 빠른 컷 편집

과 솔직한 자기 표현은 기존 방송 문법과 다른 리듬을 만들었다. 그녀는 이후 패션 브랜드 협업, 팟캐스트, 커피 브랜드 론칭으로 확장하며 '개인 서사'가 하나의 브랜드가 되는 모델을 구축했다. 이는 전문 장비보다 **진정성과 개성**이 경쟁력이 되는 시대를 보여준다.

· **KSI → 크리에이터의 산업 확장**: 영국 유튜버 KSI는 게임 콘텐츠로 시작해 음악, 복싱 이벤트, 음료 브랜드 사업까지 확장했다. 이는 플랫폼 기반 크리에이터가 기존 엔터테인먼트 산업과 경쟁하며 새로운 수익 구조를 만들어 내는 사례다. 콘텐츠는 더 이상 영상 하나로 끝나지 않는다. 그것은 팬덤, 상품, 이벤트, 브랜드로 확장되는 **산업적 자산**이 된다.

민주화의 의미: 전문성보다 감각, 예산보다 아이디어

콘텐츠 제작의 민주화는 단순히 제작자가 늘어났다는 의미가 아니다. 다음과 같은 구조적 변화를 동반한다.

· **진정성의 가치 상승** - 과도한 연출보다 개인의 솔직한 표현이 신뢰를 형성
· **아이디어 중심 경쟁** - 고예산보다 명확한 콘셉트가 우선
· **커뮤니티 중심 구조** - 시청자가 단순 소비자가 아니라 참여자가 됨

· **플랫폼 알고리즘 이해 능력의 중요성** - 노출 구조를 아는 것
이 곧 전략

과거에는 '방송에 출연해야 유명해지는 구조'였다면, 지금은
'유명해진 뒤 방송에 진입하는 구조'로 역전되었다. 미디어 권력
의 이동은 곧 **문화 생산 권력의 이동**을 의미한다.

사회적 파급력

콘텐츠 제작의 민주화는 정치, 경제, 사회 전반에 영향을 미친
다. 크리에이터는 단순한 엔터테이너가 아니라 여론 형성자이며,
브랜드 영향력 보유자이며, 때로는 사회적 담론의 촉매가 된다.

이 변화는 두 가지 상반된 결과를 낳는다.

· 한편으로는 표현의 다양성과 창작 기회의 확대

· 다른 한편으로는 알고리즘 편향과 자극적 콘텐츠 경쟁

그러나 분명한 사실은, 오늘날 콘텐츠는 특정 기관의 전유물
이 아니라는 점이다. 플랫폼은 누구에게나 마이크를 제공했고,
그 마이크를 어떻게 활용하느냐가 경쟁력이 되었다.

콘텐츠 제작의 민주화는 단순한 기술 혁명이 아니다. 그것은
미디어 권력의 분산과 재편이다.

전문 스튜디오가 아닌 개인이, 거대 방송사가 아닌 플랫폼이,
고예산 제작이 아닌 아이디어가 중심이 되는 시대가 도래했다.

이제 성공의 조건은 명확하다.

플랫폼 구조를 이해하고, 개인의 서사를 구축하며, 커뮤니티와 관계를 형성하는 것.

좋은 콘텐츠는 더 이상 '어디에서 만들었는가?'로 평가되지 않는다.

누가, 어떤 구조로, 어떻게 연결했느냐가 성공을 결정한다.

6. 게임 콘텐츠의 역사와 진화

콘솔 게임 플레이

게임은 단순한 놀이에서 출발하여 오늘날 가장 강력한 콘텐츠 산업의 한 축으로 자리매김했다. 고대 문명의 유산에서부터 현대 디지털 인터랙티브 콘텐츠까지, 게임은 인류의 문화와 감각, 전략과 상상력을 반영하는 핵심 매체였다.

1980년대 아케이드 게임의 시대부터 오늘날 글로벌 e스포츠, 메타버스 플랫폼, AAA 콘솔 게임까지, 게임 콘텐츠는 기술 발전과 함께 콘텐츠 제작의 최전선에서 진화해 왔다. 여기에서는 게임 콘텐츠의 역사와 세계적 흐름, 한국 게임 산업의 성장과 현재에 대해 살펴본다.

게임 콘텐츠의 역사와 기원

고대 게임 플레이

기원전 수천 년 전, 메소포타미아와 이집트, 중국과 인도에서는 이미 전략과 경쟁을 기반으로 한 보드게임이 존재했다. 체스, 바둑, 장기의 전신이 되는 게임들은 단순한 오락이 아니라 사고 훈련과 권력 상징의 도구였다. 중요한 것은 '룰(rule)'의 존재다. 규칙 안에서 선택을 하고, 그 선택이 결과를 만든다는 구조는 오늘날 디지털 게임의 본질과 다르지 않다.

근대에 들어서면서 게임은 사회와 경제 구조를 모형화하기 시작했다. 대표적인 사례가 20세기 초 등장한 '모노폴리(Monopoly)'다. 모노폴리는 토지 매입과 임대료, 자본 축적과 파산이라는 경제 구조를 게임화한 사례다. 단순한 보드게임이었지만, 플레이어는 자본주의의 경쟁 논리를 체험하게 된다. 흥미로운 점은 모노폴리의 원형이었던 '랜드로드 게임(The Landlord's Game)'이 토지 독점의 폐해를 비판하기 위해 고안되었다는 사실이다. 즉 게임은 이미 사회 비판과 교육적 메시지를 담는 매체로 기능하고 있었다.

또 다른 사례로는 '리스크(Risk)'가 있다. 리스크는 세계 지도를 배경으로 국가 점령과 병력 배치를 다루며, 전략과 확장, 지배의 구조를 단순화하여 보여준다. 플레이어는 지정학적 사고를 경험하게 된다. 이처럼 근대 보드게임은 현실 세계의 정치·경제 구조를 축소 모델로 재현했다.

체스가 개인 간의 전략 대결을 상징했다면, 모노폴리와 리스크는 자본과 권력의 구조를 시뮬레이션했다. 이는 훗날 전략 시뮬레이션 게임과 경영 게임으로 이어지는 사고 방식의 출발점이었다.

게임은 본래 인간이 세계를 모형화하여 다루는 방식이었다. 제한된 규칙 속에서 인간은 전략을 세우고, 상대를 예측하고, 실패를 학습했다. 디지털 게임은 이 구조를 기술적으로 확장한 결과물이라 할 수 있다.

- 메소포타미아의 주사위 유물
- 고대 이집트의 세넷(Senet)
- 체스, 장기, 바둑

현대 게임은 20세기 중반부터 기술과 함께 급속히 진화했다. 1970~1980년대 아케이드 게임의 등장은 인터랙티브 미디어의 탄생을 의미했다. 단순한 조이스틱과 버튼 조작이었지만, 사용자가 직접 화면 속 사건에 개입한다는 사실은 기존 영화나 텔레비전과는 완전히 다른 경험을 제공했다.

이 시기의 게임은 기술 중심 산업이었다. 그래픽과 사운드, 반응 속도가 경쟁력이었고, 오락실이라는 물리적 공간이 하나의 문화 공간을 형성했다. 게임은 처음으로 대중적 소비 콘텐츠로 자리 잡는다.

1970~1980년대: 아케이드와 가정용 콘솔의 탄생

- 1972년 세계 최초의 상업용 게임기인 아타리의 〈퐁(PONG)〉이 출시되면서 게임은 대중적 콘텐츠로 진입하기 시작했다.
- 이후 〈팩맨〉, 〈스페이스 인베이더〉, 〈동키콩〉 등 아케이드 게임이 세계적으로 히트하며 게임 산업의 초기 틀이 마련되었다.

1990~2000년대: 콘솔 경쟁과 장르 다변화

1990년대 콘솔 전쟁은 게임을 기술 장난감에서 종합 예술 콘텐츠로 발전시켰다. 3D 그래픽은 플레이어에게 '공간'을 인식하게 만들었고, 캐릭터 중심 설계는 감정 이입을 가능하게 했다. 이 시기부터 게임은 영화적 연출과 음악, 세계관 설정을 적극적으로 흡수했다.

게임은 단순한 점수 경쟁을 넘어, 하나의 세계를 체험하는 매체가 되었다. 플레이어는 더 이상 외부 관찰자가 아니라, 이야기 속 주체가 된다.

- 닌텐도, 세가, 소니의 콘솔 경쟁이 치열하게 전개되었으며, 〈슈퍼마리오〉, 〈젤다의 전설〉, 〈파이널 판타지〉, 〈그란 투리스모〉 등이 세계적 브랜드로 성장했다.
- 이 시기부터 스토리텔링, 그래픽 기술, 음악, 캐릭터 디자인 등이 게임 기획의 중요한 요소로 자리잡기 시작했다.

2000년대 초 인터넷 인프라의 확산은 게임 구조를 근본적으로 변화시켰다. MMORPG의 등장은 가상 세계를 '사회'로 확장했다. 플레이어는 역할을 나누고, 협력하고, 경쟁하며 경제 시스템을 형성했다.

게임은 하나의 지속 운영 서비스가 되었고, 업데이트와 확장팩은 세계를 끊임없이 진화시켰다. 이 시기 게임은 '제품'이 아니라 '운영되는 세계'가 되었다.

2010년대~현재: 온라인, 모바일, 클라우드, e스포츠로 확장

· 블리자드의 〈월드 오브 워크래프트〉, 라이엇게임즈의 〈리그 오브 레전드(LoL)〉, 에픽게임즈의 〈포트나이트〉는 글로벌 온라인 게임 시장을 선도하며, 유저 참여형 생태계를 구축했다.

· 스마트폰의 등장으로 〈앵그리버드〉, 〈캔디크러쉬〉, 〈클래시 오브 클랜〉 등 캐주얼 모바일 게임이 폭발적 인기를 끌었다.

· 최근에는 클라우드 게이밍, AI 기반 게임 설계, NFT 아이템 상거래, 메타버스 공간 내 플레이 등 새로운 플랫폼과 기술이 게임 콘텐츠를 확장하고 있다.

〈World of Warcraft〉: 가상 세계가 '사회'가 되다

2004년 블리자드가 출시한 〈World of Warcraft〉는 단순한 MMORPG가 아니었다. 그것은 가상 세계 안에 하나의 '사회'를 형성한 사건이었다.

출시 후 몇 년 만에 가입자 1,200만 명을 돌파했으며, 이는 단일 게임 기준으로 당시 전례 없는 기록이었다.(출처: Blizzard Entertainment Annual Report, 2010)

WoW가 만든 가장 중요한 변화는 다음과 같다.

· 게임 내 경제의 현실화
· 아이템 거래

· 골드 축적

· 길드 기반 자원 배분

· 커뮤니티의 고도화

· 조직 구조

· 역할 분담

· 리더십 체계

〈스마트폰 게임의 대중화를 이룩하다〉

미디어 이론가 헨리 젠킨스는 WoW와 같은 MMORPG를 "참여 문화의 실험실"이라고 분석했다.(출처: Henry Jenkins, Convergence Culture, 2006)

2010년대 이후 가장 각광받는 플랫폼은 스마트폰이다. 텔레비전의 대중화가 영상 콘텐츠 산업을 확장시켰듯이, 스마트폰의 보급은 게임을 일상으로 끌어들였다. 남녀노소 대부분이 디바이스를 소지하게 되면서 게임은 특별한 취미가 아니라 생활의 일부가 되었다. 짧은 플레이 구조, 직관적인 터치 인터페이스, 부분 유료화 모델, 글로벌 동시 출시 전략은 게임의 수익 구조를 근본적으로 재편했다. 특히 카카오 플랫폼과 결합한 모바일 게임은 친구 네트워크 기반 경쟁 구조를 형성하며 한국 모바일 게임의 새로운 역사를 썼다. 또한 핑크퐁과 같은 IP는 모바일 앱을 통해 유아층까지 확장되며 게임이 교육·브랜드 확장의 플랫폼이 될 수 있음을 보여주었다.

동시에 일부 게임은 플랫폼으로 진화했다. 가상 공연과 브랜드 협업, IP 교차 세계관 실험은 게임을 단일 작품이 아니라 복합 문화 공간으로 확장시켰다. 게임은 더 이상 화면 속 콘텐츠가 아니라 다양한 문화 활동이 일어나는 디지털 공간이 되었다.

VR 게임 플레이

〈XR의 등장과 게임〉

이러한 흐름 위에서 XR이 등장한다. XR(Extended Reality)은 VR, AR, MR을 포괄하는 개념으로 현실과 가상의 경계를 확장한다. 아케이드에서는 버튼이 인터페이스였고, 콘솔에서는 컨트롤러가 인터페이스였으며, 모바일에서는 터치가 인터페이스였다. XR에서는 공간과 신체가 인터페이스가 된다. 사용자의 시선과 손 동작, 몸의 움직임이 곧 입력 방식이 되고, 현실 공간 위에 디지털 요소가 중첩된다. 게임은 더 이상 화면 속 세계가 아니라, 사용자가 들어가 체험하는 환경이 된다.

〈Pokémon GO〉와 AR 혁명

2016년 출시된 〈Pokémon GO〉는 AR 기반 게임의 대중화를 이끌었다. 출시 1개월 만에 1억 다운로드 돌파했다.(출처: Sensor Tower, 2016)

이 게임은 '이동' 자체를 플레이로 만들었다.

XR 게임 설계는 기존 게임과 근본적으로 다르다. 카메라 구도가 아니라 사용자의 실제 시야가 중심이 되며, 공간 동선과 안전 설계, 멀미 최소화까지 고려해야 한다. 이는 게임 디자이너가 시스템 설계자를 넘어 공간 경험 설계자로 확장되어야 함을 의미한다. 코로나19 팬데믹은 가상 공간 수요를 가속할 가능성을 보여주었으나, 디바이스 확산에는 항상 시간과 환경의 변수가 존재한다. 그럼에도 불구하고 분명한 것은 디바이스의 발전이 새로운 콘텐츠 수요를 만들어 낸다는 사실이다. 스마트폰이 모바일 게임 생태계를 만들었듯, XR 기기의 보급은 공간 기반 게임과 몰입형 콘텐츠의 새로운 장을 열 가능성이 크다.

게임의 역사는 단절이 아니라 연속의 역사다. 고대 보드게임은 전략 구조를 만들었고, 근대 게임은 사회와 경제를 모형화했으며, 아케이드는 인터페이스를 혁신했고, 콘솔은 공간과 서사를 확장했으며, 온라인은 사회를 형성했고, 모바일은 일상화를 이끌었다. XR은 그 연장선 위에서 공간 기반 경험 플랫폼으로 진화하는 단계다. 게임은 언제나 미래 콘텐츠 구조를 먼저 실험해 온 산업이었고, XR은 그 다음 장을 여는 또 하나의 인터페이스 혁명이라 할 수 있다.

한국 게임 산업의 성장과 진화

카트라이더 게임 플레이

한국 게임 산업은 1990년대 후반 초고속 인터넷 인프라와 함께 급성장하기 시작했다.

· 1998년 〈스타크래프트〉의 폭발적 성공은 PC방 문화와 e스포츠 생태계의 태동을 이끌었다.

· 엔씨소프트의 〈리니지〉는 부분 유료화(Microtransaction) 모

델의 성공을 입증하며 MMORPG 장르를 대중화시켰다.

- 넥슨의 〈카트라이더〉, 〈메이플스토리〉, 〈던전앤파이터〉 등은 캐주얼 장르와 커뮤니티 중심 구조를 통해 장기 흥행을 이끌어냈다.
- 펄어비스의 〈검은사막〉, 크래프톤의 〈배틀그라운드〉는 고사양 글로벌 게임으로서 해외 시장에서 수천억 원의 매출을 기록하며 한국 게임의 위상을 높였다.

최근에는 모바일 중심 게임 구조와 함께 인디게임, 여성 타깃 게임, 스토리 중심 인터랙티브 게임, NFT 기반 게임 등 다양성이 확대되고 있으며, 게임이 단지 '게임'이 아닌 '이야기 플랫폼'이자 '확장 가능한 콘텐츠'로서 재조명되고 있다.

게임 콘텐츠의 문화적 가치와 사회적 역할

게임은 단순한 유희를 넘어서, 다음과 같은 복합적 의미를 지닌다.

- **서사와 몰입의 예술**: 〈라스트 오브 어스〉, 〈레드 데드 리뎀션〉 등은 영화 이상의 감정적 체험을 유도하는 스토리 중심 작품이다.
- **사용자 참여형 콘텐츠**: 〈마인크래프트〉, 〈로블록스〉는 유저가 직접 세계를 창조하고 콘텐츠를 재생산하게 만드는 구조를 가진다.

· 문화적 연결망: BTS가 〈포트나이트〉에서 공연을 열고, 넷
플릭스가 〈리그 오브 레전드〉 기반 애니메이션 〈아케인〉
을 제작하는 등, 게임은 다른 미디어와 융합하며 문화의 플
랫폼으로 기능한다.

· **e스포츠와 스트리밍**: 〈리그 오브 레전드 월드 챔피언십〉,
〈도타2 인비테이셔널〉, 〈발로란트 챌린지〉와 같은 e스포
츠 리그는 전 세계 수억 명의 시청자와 팬덤을 확보하며 게
임을 스포츠와 엔터테인먼트의 교차점에 위치시켰다. 트위
치, 아프리카TV, 유튜브 라이브는 게임 콘텐츠의 실시간 중
계를 통해 수익과 커뮤니티를 창출하고 있다.

· **메타버스와 확장 가능성**: 〈포트나이트〉, 〈로블록스〉, 〈제
페토〉 등은 단순한 게임을 넘어서 사용자가 아바타로 활동
하고, 이벤트에 참여하며, 사회적 상호작용을 하는 메타버스
플랫폼으로 진화하고 있다. 이는 콘텐츠를 '경험'하고 '공존'
하는 공간으로 확장시킨다.

· **게임 IP의 크로스미디어 전략**: 게임은 이제 단독 작품이 아니
라, 웹툰·애니메이션·소설·영화·굿즈·OST 등 다양한 미디어로
확장되는 IP 중심 콘텐츠로 발전하고 있다. 예를 들어 〈리그
오브 레전드〉의 세계관은 애니메이션 〈아케인〉으로 확장되
었고, 〈위쳐〉는 게임에서 드라마로, 〈마인크래프트〉는 교
육 콘텐츠와 전시회로 진화했다.

게임은 단순한 유희를 넘어서, 다음과 같은 복합적 의미를 지닌다.

- **서사와 몰입의 예술**: 〈라스트 오브 어스〉, 〈레드 데드 리뎀션〉 등은 영화 이상의 감정적 체험을 유도하는 스토리 중심 작품이다.
- **사용자 참여형 콘텐츠**: 〈마인크래프트〉, 〈로블록스〉는 유저가 직접 세계를 창조하고 콘텐츠를 재생산하게 만드는 구조를 가진다.
- **문화적 연결망**: BTS가 〈포트나이트〉에서 공연을 열고, 넷플릭스가 〈리그 오브 레전드〉 기반 애니메이션 〈아케인〉을 제작하는 등, 게임은 다른 미디어와 융합하며 문화의 플랫폼으로 기능한다.

게임 콘텐츠의 핵심 요소: 구조적 완성도를 결정하는 다섯 가지 축

게임 콘텐츠는 단순한 놀이가 아니라, **규칙·서사·상호작용·미학·보상 구조가 통합된 시스템 설계물**이다. 이 다섯 요소가 유기적으로 작동할 때 비로소 높은 완성도와 장기적 흥행 가능성을 확보한다. 각각의 요소를 글로벌 사례와 함께 분석한다.

규칙성과 구조 (Game Rules)

게임의 규칙은 세계관의 법칙이자, 플레이 경험의 설계도다. 규칙은 난이도 곡선(difficulty curve), 도전-보상 균형, 경쟁 구조를 정의한다. 잘 설계된 룰은 복잡하지 않지만 깊이가 있다.

예를 들어, 〈포트나이트〉는 '100명 중 최후의 1인'이라는 단순한 배틀로얄 구조를 채택했다. 규칙은 명확하지만, 건설 시스템과 맵 변형 요소를 통해 전략적 다양성을 확보했다.

〈리그 오브 레전드〉 역시 5 대 5 대전이라는 단순 구조 안에서 수백 종의 챔피언 조합과 메타 전략이 형성된다. 이는 규칙이 단순하되, 변주 가능성이 무한한 구조의 전형이다.

· **핵심 원리**: 좋은 규칙은 이해는 쉽고, 마스터하기는 어렵다.

몰입과 서사(Narrative & Immersion)

게임은 플레이어의 능동적 참여를 전제로 하기 때문에, 서사는 단순 전달이 아니라 '경험'으로 체화되어야 한다. 몰입은 세계관의 설득력, 캐릭터의 감정선, 플레이어 선택의 의미 부여에서 비롯된다.

〈The Last of Us〉는 부녀 관계를 중심으로 한 감정 서사를 인터랙티브 플레이와 결합하여 강력한 정서적 몰입을 형성했다.

〈The Legend of Zelda: Breath of the Wild〉는 오픈월드 구조를 통해 플레이어가 스스로 서사를 구성하게 만들었다.

몰입은 반드시 장황한 스토리에서 나오는 것이 아니다. 플레이어가 세계 안에 '존재한다'는 감각을 갖게 하는 것이 핵심이다.

· **핵심 원리**: 서사는 설명이 아니라 체험으로 설계되어야 한다.

상호작용성과 조작감(Interactivity)

게임의 본질은 상호작용이다. 입력과 출력 사이의 반응 속도, 물리적 감각, 피드백의 명확성은 유저 경험의 질을 결정한다.

〈Super Mario Bros.〉는 점프의 타이밍과 물리 반응을 정교하게 설계해 '손맛'을 완성했다.

〈Call of Duty〉 시리즈는 총기 반동, 사운드, 타격 피드백을 통해 현실감을 극대화한다.

모바일 환경에서는 조작의 단순성과 즉각적 피드백이 더욱 중요하다. 터치 기반 인터페이스는 복잡성을 줄이는 대신 직관성을 강화해야 한다.

· **핵심 원리**: 조작은 복잡해질 수 있으나, 반응은 항상 명확해야 한다.

미적 요소(Aesthetics)

게임의 미학은 단순한 시각적 아름다움을 넘어, 세계관의 설득력을 강화하는 장치다. 캐릭터 디자인, UI/UX, 사운드 디자인, 연출은 모두 세계관을 구성하는 요소다.

〈Genshin Impact〉는 애니메이션 스타일의 캐릭터 디자인과 음악을 결합해 글로벌 팬덤을 형성했다.

〈Elden Ring〉은 어둡고 장엄한 아트 디렉션을 통해 세계관의 서사적 깊이를 강화했다.

미적 통일성이 확보되지 않으면 몰입은 깨진다. 즉 UI, 캐릭터, 사운드, 연출은 하나의 정체성 아래 설계되어야 한다.

· **핵심 원리**: 미학은 장식이 아니라 세계관의 언어다.

보상 체계와 지속 동기(Progression & Reward)

게임은 반복 플레이를 전제로 한다. 점수, 아이템, 레벨업, 업적 시스템 등은 플레이어의 지속 동기를 형성한다. 보상은 단순 물질적 보상뿐 아니라, 성취감·지위·커뮤니티 인정까지 포함한다.

〈World of Warcraft〉는 장기적 성장 구조와 레이드 시스템을 통해 수년간 플레이어를 유지했다.

〈Clash of Clans〉는 건설 대기 시간과 경쟁 구조를 통해 반복 접속을 유도한다.

최근에는 배틀패스(battle pass) 시스템이 표준화되었다. 이는 일정 기간 동안 목표 달성을 통해 단계별 보상을 제공하는 구조로, 유저의 지속 참여를 체계적으로 설계한다.

· **핵심 원리**: 보상은 즉각성과 장기 목표를 동시에 설계해야 한다.

정리하자면 게임 콘텐츠는 다섯 요소가 독립적으로 존재하지 않는다. 규칙은 보상 체계를 정의하고, 보상은 몰입을 강화하며, 몰입은 미학과 서사를 통해 심화되고, 상호작용은 이 모든 구조를 체험으로 연결한다. 이 중 하나라도 약하면 전체 경험의 완성도가 떨어진다.

결국 좋은 게임은 그래픽이 뛰어나서가 아니라, **시스템이 정교하게 설계되어 있기 때문에 성공한다.** 게임 콘텐츠는 창작물이면서 동시에 수학적 구조물이며, 감정적 경험이면서도 계산된 시스템이다. 이 균형을 설계하는 것이 바로 게임 프로듀싱의 핵심 역량이다.

3장
아이디어 도출과
기획의 출발

모든 콘텐츠는 하나의 아이디어에서 시작된다. 그 아이디어가 어떻게 탄생하고, 구체화되며, 기획서라는 형식으로 발전하는지는 콘텐츠 프로듀서의 가장 중요한 역량 중 하나다. 특히 디지털 플랫폼의 다양화, 이용자 취향의 세분화, 경쟁 콘텐츠의 급증 속에서 참신하고 실행 가능한 아이디어는 콘텐츠 성공의 핵심 열쇠가 된다.

아이디어는 어디서 오나?

1. 기획의 출발점:
왜 이 콘텐츠를 만들어야 하는가?

기획 의도는 단순한 개요가 아니라, **콘텐츠 제작 전체를 이끄는 '철학적 나침반'**이다. 내가 흥미롭고 즐겁게 느끼는 콘텐츠가 다른 사람에게도 매력적으로 다가갈 수 있다. 하지만 타인의 눈높이와 기대를 고려하지 않은 기획은 자기 만족에 머무를 위험이 크다. 콘텐츠는 혼자만을 위한 창작물이 아니라 타인과의 공감을 전제로 하는 '소통의 결과물'이다. 따라서 기획자는 자신의 흥미와 동기 위에 소비자의 감정선과 이해 수준, 그리고 시대적 맥락을 덧입혀야 한다. 기획 의도에는 이 콘텐츠가 반드시 세상에 존재해야 하는 이유, 이 콘텐츠가 해결하고자 하는 사회적·문화적·정서적 과제, 그리고 그것이 어떻게 전달될 것인지를 담아야 한다. 다시 말해, 기획 의도는 콘텐츠의 존재 명제이자 방향 설정이며, 프로듀서의 기획 철학을 집약하는 진술문이다.

기획은 단지 형식을 구성하는 일이 아니다. 콘텐츠의 기획은 본질적으로 '질문'에서 시작된다. 이 콘텐츠가 해결하고자 하는 문제는 무엇인가? 누구에게 어떤 메시지를 전달하려는가? 어떤 감정을 유발하고 어떤 반응을 기대하는가?

넷플릭스의 〈오징어 게임〉은 '경제적 양극화에 대한 날카로운 시선'이라는 질문에서 출발했고, BTS 콘텐츠는 '전 세계 젊은 세대의 정체성과 위로'라는 질문에 응답하고 있다. 콘텐츠 프로듀서는 창작 이전에 문제를 정의하고, 콘텐츠로 풀어 낼 수 있는 방향성을 설정해야 한다.

2. 아이디어 발상 기법과 소재

아이디어 발상

이 세상에 새로운 것은 없다!!!

이것은 항상 내가 머릿속이 텅 비었다고 느낄 때 생각하는 것이다. 다른 사람들의 독특한 발상을 보면서 나는 왜 저런 생각을 못했나 하고 좌절할 때가 한두 번이 아니었다. 또는 '아! 나도 저런 거 생각했었는데…' 이런 생각도 역시 많이 해봤다. 그래서 결국 중요한 것은 누가 먼저 아이디어를 콘텐츠로 만드느냐? 이것이다. 사람들은 비슷한 생각을 많이 한다. 의외로 그렇다. 최근에는 글로벌화 되어 보고 듣는 것이 많이 '공유'되고 있어서 더구나 그러하다.

아이디어는 다양한 곳에서 찾을 수 있다. 구전되고 있는 전래 동화나 민담, 도시 괴담, 역사적 사건, 실존 인물의 일생 등은 훌륭한 콘텐츠 소재가 된다. 예를 들어, 영화 〈태극기 휘날리며〉는 한국전쟁이라는 거대한 역사 속에서 서로 다른 실제 사람들의 사연을 엮어 한 형제의 서사로 재구성했다. 이처럼 사실 기반의 이야기를 재편집하고 재해석함으로써 강력한 감정선을 만들어 낼 수 있다.

또한 〈반지의 제왕〉은 북유럽 신화를 바탕으로 독자적인 세계관과 서사를 구축한 작품으로, 신화적 구조가 현대 판타지 콘텐츠에 얼마나 강력한 서사적 기반이 될 수 있는지를 보여준다. 〈나니아 연대기〉는 기독교 세계관을 토대로 상징과 은유를 활용해 서사를 구성했으며, 특정 신념이나 가치관이 어떻게 판타지적 요소와 결합할 수 있는지를 제시하는 사례다.

이처럼 완전히 새로운 아이디어는 드물며, 대부분의 창작은 기존 재료의 조합과 해석, 전복을 통해 이루어진다. 따라서 콘텐츠 프로듀서는 열린 시선으로 다양한 영역에서 소재를 발굴하고, 그것을 자기만의 방식으로 구조화하는 능력을 갖춰야 한다.

최근 콘텐츠 기획 트렌드 중 하나는 복합 장르의 결합이다. 예를 들어, 드라마 〈별에서 온 그대〉는 로맨스, SF, 코미디를 결합해 이색적인 매력을 창출한 대표작이다. 장르 결합은 각 장르의 매력을 극대화하며, 다양한 계층의 시청자에게 동시에 어필할 수 있는 전략이다. 이러한 트렌드는 플랫폼 다변화, 이용자 취향 세분화, 전통 장르 피로도 해소 등의 이유로 점점 더 강화되고 있다. 비슷한 사례를 들면 다음과 같다.

- ·〈킹덤〉: 사극 + 좀비 + 정치 스릴러
- ·〈싸이코지만 괜찮아〉: 로맨스 + 심리 치유 + 동화적 판타지
- ·〈D.P.〉: 밀리터리 드라마 + 청춘 성장극 + 사회 고발 다큐멘터리적 요소

이러한 장르 융합은 아이디어 발상 기법에도 영향을 미친다. 다음은 콘텐츠 창작자들이 활용하는 대표적인 기법들이다.

아이디어는 무에서 유를 창조하는 작업이 아니다. '세상에 완전히 새로운 아이디어는 없다'는 말처럼, 대부분의 기획은 기존에 존재하던 형식, 아이템, 아이디어에서 출발한다. 모방은 창조의 어머니다. 창의적인 콘텐츠는 무(無)에서 나오는 것이 아니라, 기존 것을 재해석하고, 전복하고, 조합하는 과정에서 탄생한다.

사람들은 완전히 새로운 것보다는 익숙하면서도 흥미로운 것을 좋아한다. 완전히 낯선 개념은 진입 장벽이 높아 공감대를 형성하기 어렵기 때문이다. 반면 기존에 알고 있던 문법이나 세계관 위에 신선한 포인트가 결합되면, 이용자는 편안함 속에서

도 새로움을 느낄 수 있다. 이것이 바로 '참신함의 조건'이며, 콘텐츠 프로듀서가 아이디어 발상 단계에서 의식해야 할 중요한 전략이다. 다양한 자극과 조합을 통해 새로운 가치를 만드는 과정이다. **대표적인 아이디어 도출 기법은 다음과 같다.**

- **브레인스토밍**: 팀이 모여 아이디어를 폭넓게 나열하는 방식. 평가하지 않고 양을 먼저 확보하는 데 집중한다. 예를 들어, 웹예능 〈문명 특급〉은 '뉴트로 열풍'을 주제로 아이디어 회의를 하던 중 '과거 아이돌 영상 다시 보기'라는 아이디어가 나왔고, 이는 '컴눈명(다시 컴백해도 눈감아 줄 명곡)' 시리즈로 이어져 MZ 세대의 폭발적 반응을 끌어냈다.

- **SCAMPER 기법**: Substitute(대체), Combine(결합), Adapt(응용), Modify(변형), Put to another use(다른 용도), Eliminate(제거), Reverse(반전)의 일곱 가지 사고의 틀을 기반으로 아이디어를 확장한다. 예를 들면, 기존의 캠핑 예능에 '재활용 아이템'을 결합한 〈백패커〉는 버려지는 식재료로 음식을 만들며 여행하는 포맷으로 SCAMPER의 결합 및 응용 전략이 활용된 사례다.

- **콘셉트 조합법**: 서로 다른 키워드나 콘셉트를 조합해 새로운 기획의 실마리를 찾는다. 예: '요리 + 추리' → 〈범인은 요리사〉. 또 다른 예로 '좀비 + 사극'을 결합한 〈킹덤〉은 신선한 장르 조

합으로 글로벌 시장에 통했다. 이 조합은 한국의 전통 권력 구조와 팬데믹적 상상력을 한 데 녹여낸 기획의 성공 사례다.

· **문제 기반 기획**(PBL): 사회적 이슈나 일상 속 불편을 출발점으로 삼아 콘텐츠로 풀어내는 방법. 예: 기후 위기를 소재로 한 다큐멘터리 〈2040〉, 코로나19 속 언택트 일상을 다룬 브이로그 시리즈 등. KBS 〈다큐 인사이트 - 물의 전쟁〉은 물 부족이라는 전 지구적 문제를 시청자와 생활 속에서 연결하는 데 성공한 문제 기반 기획 사례다.

· **패턴 전복 기법**: 기존 장르나 콘텐츠의 규칙을 깨뜨리며 예상 밖의 구성을 도입하는 방식. 예: 〈SNL 코리아〉는 뉴스, 홈쇼핑, 광고 등의 틀에 코미디를 삽입하여 패턴을 전복시킨 대표적인 사례다.

이러한 기법들은 단독으로 사용되기보다 서로 결합되어 새로운 방향성을 만든다. 핵심은 '왜 이 아이디어가 지금 필요한가?'에 대한 설득력과 '어떻게 다른가?'에 대한 차별화 전략을 갖추는 것이다.

기획은 '누구를 위한 콘텐츠인가?'를 정확히 정의할 때 구체성을 갖는다. 이를 위해 콘텐츠 프로듀서는 철저한 타깃 분석과 리서치 과정을 수행해야 한다. 단순한 연령, 성별 구분을 넘어서 라이프스타일, 미디어 소비 성향, 관심사, 콘텐츠 이용 목적 등을 종합한 '페르소나(persona)' 설정이 필요하다.

효과적인 타깃 리서치 방법은 다음과 같다.

- **SNS 및 커뮤니티 분석**: 유튜브 댓글, 인스타그램 해시태그, 트위터 트렌드, DC인사이드 갤러리, 루리웹, 더쿠 등 온라인 커뮤니티에서의 반응과 언어를 분석한다. 이를 통해 타깃의 실질적인 관심사와 밈(meme) 소비 양상을 파악할 수 있다.
- **플랫폼 이용 패턴 조사**: 유튜브, 틱톡, 넷플릭스 등 주요 플랫폼에서 어떤 콘텐츠가 어떤 시간대에, 어떤 연령층에게 소비되는지를 분석한다. 구글 트렌드나 닐슨코리아, 와이즈앱 등의 통계도 도움이 된다.
- **설문조사 및 인터뷰**: 예비 시청자 또는 유사 타깃 그룹을 대상으로 콘텐츠 콘셉트에 대한 선호도, 이용 목적, 거부 요인 등을 직접 묻는다. 정성적 조사(FGI: 포커스 그룹 인터뷰)와 정량적 설문을 병행하면 깊이 있는 인사이트를 확보할 수 있다.
- **경쟁 콘텐츠 벤치마킹**: 유사한 타깃을 겨냥한 인기 콘텐츠의 기획 의도, 주제, 캐릭터, 형식 등을 분석하여 성공 요인과 공백 지점을 도출한다. 예를 들면 다음과 같다.

- 이름: 진우 (가명), 27세, 유튜브·OTT 중심 소비자, 일상 속 소소한 웃음을 원함
- 콘텐츠 선호: 〈피식대학〉, 〈환승연애〉
- 콘텐츠 목적: 스트레스 해소, 대화 주제 공유, 나만 아는 콘텐

츠 찾기

이러한 리서치 기반의 페르소나는 기획자가 콘텐츠의 화법, 형
식, 길이, 리듬을 조율하는 데 있어 핵심 기준이 된다. 또한 후속
마케팅 전략과 플랫폼 최적화에도 결정적인 기준점으로 작용한다.

3. 트렌드 분석과 아이디어 검증

콘텐츠 기획에서 트렌드는 선택이 아니라 전제 조건이다. 아무리 창의적인 아이디어라도 시장의 흐름과 완전히 분리되어 있다면, 현실성과 적시성을 확보하기 어렵다. 트렌드는 아이디어에 '지금 이 시점에 왜 필요한가?'라는 근거를 부여한다.

트렌드 분석: 데이터로 읽는 감각

오늘날 트렌드는 직관이 아니라 데이터로 읽힌다.

· SNS 해시태그 확산 패턴

· 검색 포털의 키워드 변화

· YouTube 인기 급상승 영상

· TikTok 추천 알고리즘 노출 유형

· OTT 플랫폼의 Top 10 순위

· 뉴스 키워드 빈도

· Z세대 언어와 밈 구조

이 자료들은 단순 참고 정보가 아니라, 아이디어의 수요 가능성을 가늠하는 1차 검증 도구다. 예를 들어 특정 키워드가 반복적으로 확산되고 있다면, 그 이면에는 사회적 관심사나 감정적 욕망이 존재한다. 기획자는 이 표면적 현상을 모방하는 것이 아니라, 그 아래에 있는 '욕망의 구조'를 읽어야 한다.

트렌드를 분석한다는 것은 유행을 따라가는 것이 아니라, **유행의 방향성과 수명을 예측하는 일**이다.

벤치마킹: 구조를 해부하는 분석

아이디어 검증에서 가장 강력한 방법 중 하나는 성공 사례의 구조적 해부다. 벤치마킹은 단순 모방이 아니다. 그것은 성공한 콘텐츠의 설계도를 분석하고, 그 핵심 구조를 이해하는 작업이다.

예를 들어, 〈환승연애〉는 '전 연인'이라는 설정을 중심에 두어 감정의 긴장을 극대화했다. 이 프로그램은 연출 방식에서 감정선의 점진적 노출과 교차 편집을 활용하며 몰입도를 높였다.

반면, 〈하트시그널〉 시리즈는 연애 관찰이라는 기본 포맷을 유지하되, 패널 인터뷰 구조와 추리 요소를 강화해 감정 해석의 재미를 확장했다. 같은 연애 예능 장르이지만, 감정 소비 방식과 시청자 참여 구조에서 차별화를 만들어 낸 것이다.

이 사례가 보여주는 것은 명확하다.

포맷이 같아도 감정 설계와 시청자 경험 구조에 따라 완전히 다른 콘텐츠가 된다.

유사 콘텐츠 분석과 변별력 확보

유사 콘텐츠 분석은 창의성을 억압하는 과정이 아니라, 오히려 오리지널리티를 정교화하는 과정이다. 다음과 같은 질문이 필요하다.

- 이 장르는 현재 과포화 상태인가?
- 반복되는 콘셉트는 무엇인가?
- 시청자는 어디에서 피로감을 느끼는가?
- 반대로 아직 시도되지 않은 접근 방식은 무엇인가?

중요한 것은 '새로워 보이는가?'가 아니라, '이미 성공한 흐름 속에서 어떤 지점을 비껴 나갈 것인가?'를 고민하는 일이다.

포화 시장에서의 틈새 전략

먹방 콘텐츠는 대표적인 과포화 장르다. 그러나 그 안에서도 세부 타깃과 콘셉트에 따라 여전히 차별화가 가능하다.

- 건강 중심 식단 콘텐츠
- 채식·비건 레시피

· 외국 음식 도전기

· 다이어트 과정 공유형 먹방

· 지역 소멸 위기 지역 맛집 탐방

즉 '먹는다'는 행위 자체는 동일하지만, **관점과 목적이 달라질 때 새로운 시장이 형성된다.**

이는 트렌드 분석의 본질을 보여준다. 트렌드는 하나의 거대한 흐름처럼 보이지만, 실제로는 수많은 세부 갈래로 나뉜다. 기획자는 그 갈래 중 경쟁이 덜하고 잠재 수요가 존재하는 지점을 찾아야 한다.

전략적 기획의 본질

아이디어는 고립된 상태에서 탄생하지 않는다. 그것은 이미 존재하는 콘텐츠 생태계 안에서 의미를 가진다. 따라서 전략적 기획이란 다음을 의미한다.

1. 현재 시장을 정확히 읽는다.
2. 성공 사례의 구조를 해부한다.
3. 과포화 영역과 미개척 영역을 구분한다.
4. 동일한 흐름 안에서 다른 시각을 제시한다.

단순한 신선함은 일시적이다. 그러나 구조적 차별화는 지속 가능하다. 결국 트렌드 분석과 아이디어 검증은 창의성을 억제하는 과정이 아니라, 창의성을 시장 안에서 작동 가능하게 만드는 설계 과정이다. 좋은 기획자는 유행을 쫓지 않는다. 대신, 유행의 흐름을 읽고 그 사이에서 자신만의 좌표를 설정한다.

4. 실현 가능한 아이디어로의 전환

아이디어는 영감의 순간에서 출발하지만, 실행 가능성의 검증을 통과해야만 기획서로 발전할 수 있다. 창의성은 출발점일 뿐이며, 프로듀싱의 관점에서는 언제나 '이것을 만들 수 있는가?'라는 질문이 뒤따른다.

실현 가능성 검토는 감각이 아니라 구조적 판단의 영역이다. 다음과 같은 요소들이 동시에 고려되어야 한다.

제작 예산과 수익 구조

아이디어는 예상 제작비와 잠재 수익 구조 안에서 현실화 되어야 한다.

- 인건비
- 장비 및 기술 도입 비용
- 로케이션 및 세트 제작비
- 후반 제작비
- 마케팅 및 유통 비용

예산은 단순히 비용의 합계가 아니라, 콘텐츠의 스케일을 결정하는 프레임이다. 규모에 맞지 않는 아이디어는 기획 단계에서 수정되어야 한다.

기술적 구현 가능성

특히 XR, AI, 인터랙티브 콘텐츠와 같은 신기술 기반 아이디어는 기술적 접근성을 반드시 점검해야 한다.

예를 들어, 'VR 인터랙티브 공포 시리즈'라는 아이디어를 가정해 보자. 이 아이디어가 현실화되기 위해서는 다음 조건이 검토되어야 한다.

- VR 디바이스 보급률
- 개발 엔진 선택(예: Unity Technologies 또는 Epic Games의 엔진 활용 가능성)
- 360도 촬영 장비 및 후반 제작 기술
- 사용자 인터랙션 설계 난이도
- 플랫폼 유통 가능성(예: Meta Platforms의 VR 생태계 등)

기술은 아이디어를 확장시키는 도구이지만, 동시에 제약 조건이기도 하다. 기술 환경을 모른 채 구상된 아이디어는 실행 단계에서 좌초될 가능성이 높다.

팀 구성과 제작 역량

아이디어는 결국 사람이 구현한다.

· 기획자

· 감독

· 작가

· 디자이너

· 개발자

· 촬영 및 후반 제작 인력

팀 구성 가능성과 역량은 아이디어의 복잡도를 조정하는 핵심 변수다. 고도의 인터랙티브 구조를 설계했더라도 이를 구현할 개발 인력이 없다면, 기획은 재설계되어야 한다.

프로듀서는 창작자의 상상력과 제작자의 현실을 연결하는 조율자다.

일정과 리스크 관리

콘텐츠는 시장 타이밍을 놓치면 가치가 하락한다.

· 제작 기간

· 테스트 및 수정 일정

· 플랫폼 공개 시점
· 시즌제 확장 가능성

트렌드 기반 아이디어일수록 일정 관리가 중요하다. 실행 속도가 경쟁력이 되는 시대이기 때문이다.

플랫폼 적합성

모든 아이디어가 모든 플랫폼에 적합한 것은 아니다.

· OTT 시리즈인가?
· 유튜브 단편 포맷인가?
· 게임 플랫폼인가?
· VR 전용 콘텐츠인가?

플랫폼의 이용자 특성과 소비 패턴을 고려하지 않은 기획은 실현 가능성이 낮다. 아이디어는 플랫폼 환경 속에서 구체화될 때 비로소 설득력을 가진다.

창의성과 현실성의 균형

아이디어는 순간의 섬이 아니다. 그것은 구조적 설계의 시작점이다. 좋은 아이디어는 다음 네 가지 균형을 갖는다.

1. 창의성

2. 시장성

3. 기술적 가능성

4. 제작 현실성

이러한 네 가지 요소 중 하나라도 극단적으로 부족하면 기획은 불안정해진다. 프로듀서의 사고는 바로 이 균형을 조정하는 능력에 있다.

창작자는 가능성을 확장하고, 프로듀서는 그 가능성을 현실의 조건 안에서 구조화한다. 이 과정에서 아이디어는 막연한 상상에서 벗어나 실행 가능한 프로젝트로 전환된다.

여기에서는 창의력과 현실성, 시장성과 정체성이 균형을 이루는 아이디어의 조건을 살펴보았다. 다음 단원에서는 이러한 아이디어를 구체적 항목으로 정리하여, 실제 콘텐츠 기획서로 발전시키는 과정을 다룬다.

5. 기획 구조화: 세계관과 서사의 설계

아이디어가 떠오르고 타깃과 플랫폼이 결정되었다면, 이제 콘텐츠의 구조를 설계하는 단계로 넘어가야 한다. 이 과정은 아이디어를 단순한 '재미 요소'가 아닌, 명확한 세계관과 이야기 흐름, 감정의 리듬을 가진 '서사 콘텐츠'로 완성시키는 핵심이다.

콘텐츠 구조의 3단계: 아이디어 - 구성 - 서사

모든 콘텐츠는 세 가지 구조 단계를 거친다.

- **아이디어**: 기획의 핵심 콘셉트와 방향성(예: '과거와 현재를 넘나드는 시간여행 로맨스')
- **구성**: 인물, 사건, 배경, 갈등 관계 등의 얼개(예: 주인공이 시간의 문을 열고 과거의 첫사랑을 구하려 한다.)
- **서사**: 이야기의 감정선과 전개 방식, 장르적 문법을 포함한 서술 전략(예: 과거와 현재가 교차되며 클라이맥스로 진행되는 3막 구조)

이와 같은 세 단계는 유기적으로 연결되며, 프로듀서는 이를 시각화한 플로우차트나 세계관 다이어그램을 통해 기획서 상에서 명확히 드러내야 한다.

스토리텔링 기초: 갈등, 캐릭터, 주제, 그리고 구조

모든 서사는 갈등에서 출발한다. 갈등은 단순한 사건의 충돌이 아니라 욕망과 장애물의 구조적 대립이다. 이야기를 한 문장으로 환원하면 다음과 같다.

"매력적인 주인공이 어떤 목표를 이루려 하지만, 그것이 매우 어렵다."

이 단순한 구조 안에 캐릭터의 결핍, 선택, 실패, 각성, 변형이 축적되며 서사는 생명력을 얻는다. 스토리텔링은 사건의 나열이 아니라 감정의 설계이며, 그 감정은 갈등의 설계에서 시작된다.

갈등: 서사의 엔진

갈등은 서사의 추진력이다. 갈등이 약하면 이야기는 설명으로 흐르고, 갈등이 복합적일수록 이야기는 드라마로 진화한다.
갈등은 크게 네 가지 층위로 나눌 수 있다.

구분	정의	대표 사례	갈등의 핵심
인물 vs 인물	인물 간 이해관계 충돌	더 글로리	피해자와 가해자의 복수 대결
인물 vs 사회	개인과 구조적 시스템의 충돌	기생충	계급 불평등
인물 vs 체제	개인과 게임/제도	오징어 게임	생존 경쟁과 자본 시스템
인물 vs 자기	내면적 트라우마, 정체성 갈등	이상한 변호사 우영우	사회적 소통과 자아 확립

특히 현대 콘텐츠는 단일 갈등 구조보다 중첩 갈등 구조를 사용한다. 예컨대, 생존 게임이라는 외적 갈등 위에 인간성이라는 내적 갈등을 중첩시키는 방식이다. 갈등은 단순한 사건이 아니라 감정의 압력이며, 인물이 선택을 강요받는 순간에 가장 선명해진다.

캐릭터: 변화하는 존재

캐릭터는 사건을 겪는 대상이 아니라 사건을 통해 변형되는 존재다. 현대 스토리텔링에서 캐릭터의 핵심은 입체성이다.

입체적 캐릭터는 네 가지 요소로 구성된다.

1. 욕망(Desire) - 무엇을 원하는가?

2. 결핍(Lack) - 왜 그것이 절실한가?

3. 약점(Flaw) - 무엇이 그를 방해하는가?

4. 변화(Transformation) - 이야기가 끝날 때 무엇이 달라졌는가?

과거의 서사가 선악의 이분법에 의존했다면, 현대 콘텐츠는 윤리적 회색지대를 적극 활용한다. 피해자인 동시에 가해자일 수 있고, 정의로운 선택이 또 다른 폭력을 낳을 수도 있다. 이러한 복합성은 관객의 해석을 유도하며, 콘텐츠의 지속성을 만든다.

캐릭터는 위기에서 본질을 드러낸다. 압박 상황에서의 선택이 곧 인물의 진짜 얼굴이다. 그러므로 기획 단계에서 반드시 설정해야 할 질문은 이것이다.

"이 인물은 가장 극단적인 상황에서 어떤 선택을 하는가?"

그 선택이 곧 서사의 방향을 결정한다.

주제: 이야기의 궁극적 질문

주제는 메시지가 아니라 질문이다. 좋은 주제는 선언이 아니라 갈등을 통해 드러난다.

구분	정의	대표 사례
로미오와 줄리엣	원수 가문의 남녀가 사랑에 빠져 비극적 결말	사랑은 증오를 넘어설 수 있는가?
기생충	가난한 가족의 위장 취업과 파국	계급 이동은 가능한가?
오징어 게임	절망적 인간들의 생존 경쟁	인간성은 어디까지 유지되는가?
더 글로리	학폭 피해자의 복수 설계	복수는 정의인가, 또 다른 폭력인가?

주제는 반드시 구체적이어야 한다. '사랑 이야기'가 아니라 '원수 가문의 사랑이 죽음으로 귀결되는 이야기'처럼 갈등이 포함된 문장이어야 한다.

동시에 주제는 유니버설해야 한다. 계급 갈등, 가족 해체, 세대 단절, 복수와 용서, 생존과 윤리 같은 구조는 시대와 문화를 초월한다. 로컬한 설정 위에 보편적 정서를 얹을 때, 콘텐츠는 국경을 넘어 확장된다.

시놉시스와 트리트먼트: 구조화의 시작

갈등·캐릭터·주제가 설정되면, 다음 단계는 이를 구조로 조직하는 일이다.

· **시놉시스**(Synopsis): 시놉시스는 이야기의 압축 버전이다. 일반적으로 A4 1~2장 분량으로, 인물·목표·갈등·결말까지 포함한다. 중요한 점은 감정선이 드러나야 한다는 것이다. 단순 사건 나열은 시놉시스가 아니다. 좋은 시놉시스는 다음을 포함한다.

· 주인공의 목표
· 핵심 갈등
· 결정적 전환점
· 결말의 방향성
· 주제의 암시

시놉시스는 투자자와 제작자가 작품의 잠재력을 판단하는 첫 관문이다. 따라서 명확성과 긴장감이 핵심이다.

· **트리트먼트**(Treatment): 트리트먼트는 시놉시스를 확장한 중간 단계 문서다. 대사 없이 서술형으로 장면 단위의 흐름을 설명한다. 보통 10~30페이지 분량으로 작성되며, 인물의 감정 변화가 단계적으로 드러나야 한다. 트리트먼트의 기능은 다음과 같다.

· 플롯의 논리성 점검

· 감정 곡선의 완성도 검증

· 캐릭터 변화의 타당성 확인

즉 트리트먼트는 구조의 시뮬레이션이다. 실제 제작 이전에 서사의 균열을 발견하는 과정이다.

3장 구조(Three-Act Structure)

3장 구조는 가장 보편적인 서사 구조다. 단순하지만 강력하다. 이 구조는 고대 그리스 철학자 아리스토텔레스(Aristotle)에서 그 기원을 찾을 수 있으며, 현대 영화 산업에서는 시드 필드(Syd Field)에 의해 체계화 되었다고 할 수 있다.

아리스토텔레스는 『시학(Poetics)』에서 다음과 같이 말했다.

"A whole is that which has a beginning, a middle, and an end."

"모든 전체는 시작(beginning), 중간(middle), 끝(end)을 가진다."

이 명제는 단순한 문장이지만, 이후 2000년이 넘는 서사 이론의 토대가 되었다. 그는 비극을 분석하며 이야기의 완결성을 구조적 관점에서 설명했고, 이는 서사가 갖추어야 할 최소 단위를 제시한 것이다.

20세기에 이르러 시드 필드는 『Screenplay』(1979)에서 이를 현대 영화 시나리오 구조로 정립했다. 그는 1막(Setup), 2막(Con-

frontation), 3막(Resolution)으로 구분하고, 각 막을 전환시키는
'플롯 포인트(Plot Point)' 개념을 도입함으로써 산업적 표준 모델
을 제시했다.

오늘날 영화와 드라마, 심지어 OTT 시리즈에 이르기까지 3
장 구조는 여전히 작동한다. 과거 고전 할리우드 영화가 1:2:1의
비율(약 25%-50%-25%)을 따랐다면, 최근 콘텐츠는 2막이 확장되
거나 1막이 짧아지는 등 변형이 이루어지기도 한다. 그럼에도
불구하고 '시작-전개-해결'이라는 기본 틀은 여전히 공식처럼 기
능한다.

이는 단순한 전통의 반복이 아니다. 관객의 인지 구조가 사건
을 시간적 인과관계로 이해하는 방식과 밀접하게 연결되어 있
기 때문이다. 시작은 질문을 던지고, 중간은 갈등을 확장하며,
끝은 의미를 부여한다.

결국 3장 구조는 하나의 규칙이라기보다, 인간이 이야기를 이
해하는 방식에 대한 가장 오래된 구조적 통찰이라고 할 수 있다.

1막: 설정(Setup)

· 세계관 제시
· 주인공 소개
· 갈등의 씨앗 등장
· 촉발 사건(Inciting Incident)

2막: 대립(Confrontation)

· 목표 추구 과정

· 장애물 심화

· 중간 전환점(Midpoint)

· 위기 고조

3막: 해결(Resolution)

· 최종 대결

· 갈등 해소

· 캐릭터의 변화 확인

많은 상업 영화와 드라마는 이 구조를 변주해 사용한다. 한국 16부작 드라마 역시 1~4부 설정, 5~12부 대립, 13~16부 해결이라는 변형 구조를 보인다.

3장 구조의 핵심은 전환점이다. 전환점이 약하면 서사는 늘어진다. 전환점은 반드시 인물의 선택과 연결되어야 한다. 사건이 아니라 선택이 구조를 움직인다.

구조와 감정의 설계

스토리텔링은 결국 감정의 설계다. 갈등은 감정의 압력을 만들고, 캐릭터는 감정의 통로가 되며, 주제는 감정의 의미를 부여한다. 시놉시스는 이를 압축하고, 트리트먼트는 이를 확장하며, 3장 구조는 이를 배열한다.

좋은 이야기는 우연이 아니라 설계의 결과다.

기획 단계에서 반드시 점검해야 할 질문은 다음과 같다.

· 갈등은 충분히 강한가?
· 캐릭터는 변화하는가?
· 주제는 질문의 형태로 작동하는가?
· 구조의 전환점은 선택에 의해 움직이는가?

이 질문에 명확히 답할 수 있을 때, 비로소 이야기는 설계된 콘텐츠가 된다.

실제 작품을 통한 시놉시스 샘플

이론은 구체적 사례를 통해 비로소 체화된다. 아래는 잘 알려진 작품을 기반으로 구성한 예시다.

[사례 1] 〈기생충〉 시놉시스 샘플

전원 백수인 기택의 가족은 반지하에서 힘겹게 살아간다. 어느 날 아들 기우가 부잣집 박 사장의 딸 과외 자리를 소개받으면서 가족의 운명은 바뀌기 시작한다. 기우는 신분을 속이고 박 사장 집에 들어가고, 이후 여동생과 부모까지 차례로 위장 취업에 성공한다. 가난한 가족은 완벽히 상류층 가정에 스며드는 듯 보인다. 그러나 지하실에 숨겨진 또 다른 존재가 드러나며 상황은 파국으로 치닫는다. '계급의 벽은 허물어질 수 없는 것인가?'라는 질문을 남긴 채, 폭력적 결말로 치닫는다.

➔ 핵심 요소

· 목표: 경제적 상승
· 갈등: 계급 구조 vs 개인의 생존 전략
· 전환점: 지하실 비밀의 발견
· 주제: 계급 이동의 환상과 구조적 한계

➔ 트리트먼트 전환 작업

1막 - 반지하 공간에서의 가족 일상. 빈곤의 정서적 압박을 축적한다. 기우가 과외 제안을 받으며 촉발 사건 발생.

2막 - 가족이 차례로 박 사장 집에 침투한다. 코미디적 긴장 속에서 위장 전략이 정교해진다. 중반부, 지하실의 존재가 드러나며 장르가 전환된다. 긴장은 급격히 상승한다.

3막 - 폭우, 생일 파티, 칼부림 사건으로 이어지는 파국. 인물들의 선택이 폭력으로 귀결된다. 결말은 열린 상징으로 남는다.

트리트먼트 단계에서는, 특히 장르 톤의 변화(블랙코미디 → 스릴러 → 비극)를 명확히 설계하는 것이 중요하다. 트리트 먼트는 3장구조로 나뉜 시놉시스를 1~2페이지에 거쳐 치밀하게 서술하여 시나리오를 쓰기전에 디테일한 내용을 확실히 보여줘야 한다.

[사례 2] 〈오징어 게임〉 시놉시스 샘플

막대한 빚을 진 성기훈은 의문의 게임 초대를 받는다. 456억 원의 상금을 걸고 456명의 참가자가 목숨을 건 게임에 참여한다. 어린 시절 놀이를 변형한 잔혹한 게임이 반복되며 참가자는 점점 줄어든다. 기훈은 생존을 위해 경쟁하면서도 인간성을 지키려 한다. 최후의 순간, 그는 상금을 얻지만 승리의 의미를 되묻는다.

➔ 핵심 요소

· 목표: 빚 청산과 생존
· 갈등: 인간성 vs 생존 본능
· 전환점: 첫 탈락자의 죽음과 집단적 공포
· 주제: 자본주의 사회에서 인간성은 유지 가능한가?

➔ 트리트먼트 전환 작업

트리트먼트에서는 각 게임을 단순 에피소드가 아니라 감정 곡선의 단계로 배열해야 한다. 매 게임은 단순 반복이 아니라 윤리적 압박을 강화하는 장치다.

1막 - 빚에 몰린 성기훈은 의문의 게임에 참가하고, 첫 번째 게임에서 탈락자가 죽는 현실을 목격한다.

참가자들은 거액의 상금을 위해 생존 게임에 스스로 다시 뛰어들며, 잔혹한 룰을 받아들인다.

2막 -게임이 반복되며 동맹과 배신이 교차하고, 참가자들의 인간성이 점점 붕괴된다.

각 게임은 단순 생존을 넘어 심리적 선택을 요구하며, 결국 서로를 희생시키는 상황으로 치닫는다.

3막 -최후의 생존 경쟁 끝에 기훈은 승리하지만, 그 과정에서 인간성과 죄책감을 마주한다.

게임의 실체가 드러나고, 그는 돈보다 시스템에 대한 문제의식을 선택하며 새로운 행동을 결심한다.

프로듀서 관점의 구조 점검 체크리스트

작가의 관점이 서사의 미학을 다룬다면, 프로듀서의 관점은 구조의 안정성과 시장성을 동시에 점검한다. 다음 체크리스트는 개발 단계에서 반드시 확인해야 할 항목들이다.

단계에서 반드시 확인해야 할 항목들이다.

· 갈등의 강도 점검

· 주인공의 목표는 충분히 절실한가?

· 실패했을 때의 대가는 명확한가?

· 갈등은 점진적으로 상승하는가?

(참고: Robert McKee, 『Story』, 1997)

· 캐릭터 아크 점검

· 인물은 시작과 끝이 다른가?

· 변화의 계기가 논리적으로 설계되었는가?

· 선택이 성격과 일관성을 가지는가?

(참고: John Truby, 『The Anatomy of Story』, 2007)

· 구조적 전환점 점검

· 촉발 사건은 이야기의 방향을 근본적으로 바꾸는가?

· 미드포인트는 새로운 정보 혹은 가치 전환을 제공하는가?

· 클라이맥스는 감정적으로 최대치에 도달하는가?

(참고: Syd Field, 『Screenplay』, 1979)

· 주제의 명료성 점검

· 주제가 한 문장으로 정의 가능한가?

· 설교가 아닌 행동을 통해 드러나는가?

· 글로벌 확장 가능성을 갖는가?

(참고: Christopher Vogler, 『The Writer's Journey』, 1992)

· 시장성과 확장성 점검

· 시리즈 확장이 가능한 세계관인가?

· 타깃 관객이 명확한가?

· 플랫폼 전략과 부합하는가?

프로듀서는 이야기의 첫 번째 관객이자 마지막 검수자다. 감정의 밀도와 구조의 안정성을 동시에 판단해야 한다. 창작의 자유를 존중하되, 시장의 현실을 고려하는 균형 감각이 필요하다.

스토리텔링은 영감의 산물이 아니라 설계의 결과다. 시놉시스는 압축, 트리트먼트는 확장, 구조는 배열, 그리고 프로듀싱은 검증이다. 이 네 단계가 유기적으로 맞물릴 때, 비로소 이야기는 산업적 콘텐츠로 완성된다.

세계관 설계와 확장 가능성

세계관은 콘텐츠의 확장성과 지속 가능성을 결정짓는 핵심 기반이다. 단발적인 이야기와 캐릭터 중심의 설정은 한정적인 콘텐츠 수명을 가질 수밖에 없다. 반면, 탄탄한 세계관은 다양한 이야기의 파생을 가능하게 하고, 플랫폼을 넘나드는 IP(지식재산)로 진화할 수 있다.

이처럼 탄탄한 세계관은 콘텐츠가 성공할 경우 후속작 제작은 물론, 외전 시리즈, 캐릭터 중심의 파생물, 굿즈, 공연, 게임 등 다양한 형태의 확장을 가능하게 하는 기반이 된다. 단 하나의 이야

기로 끝나는 것이 아니라, 동일한 세계 안에서 새로운 이야기들
이 계속해서 생성될 수 있도록 만드는 것이다.

세계관이란 단순히 배경이나 공간을 의미하는 것이 아니라, 그
안에 존재하는 사회 구조, 역사, 가치관, 법칙, 생태계, 언어, 문
화, 기술, 신념 체계 등을 포함하는 입체적이고 유기적인 설정이
다. 이러한 설정은 콘텐츠 속 인물들의 선택과 사건의 전개를 자
연스럽고 설득력 있게 만든다.

무엇보다도 이러한 세계관은 사실이 아닐지라도, 콘텐츠 소비
자가 그것을 즐기는 동안만큼은 온전히 그 안에 몰입하고, 해당
규칙과 설정에 동의하도록 만드는 힘을 갖는다. 즉 세계관은 현
실 이상의 '서사적 진실'을 구성하며, 몰입과 설득의 강력한 장치
가 된다.

히어로 유니버스

예를 들어 〈마블 시네마틱 유니버스〉는 히어로마다 개별 서

사를 갖고 있지만, 모두가 공유하는 세계관 속에서 상호 작용하며 '마블 유니버스'라는 거대한 내러티브 구조를 형성한다. 〈해리 포터〉 시리즈는 '호그와트'라는 학교를 중심으로 마법 세계 전체의 질서와 정치, 인종, 역사까지 아우르며 풍부한 이야기 확장력을 보여준다.

또한 〈아기 상어〉는 단순한 유아용 콘텐츠를 넘어 가족 구성원, 해양 생물 종, 직업군까지 설정한 세계관을 구축함으로써, 완구, 애니메이션, 공연, 모바일 게임 등 다양한 형태로 확장되었다.

콘텐츠 프로듀서는 다음과 같은 요소를 고려해 세계관을 설계해야 한다.

- **시간 축(Time)**: 과거, 현재, 미래의 연결성. 시간여행, 역사적 사건의 재해석, 미래 예측 등
- **공간 축(Space)**: 현실 기반인지, 가상 공간인지, 초현실인지. 세계의 물리적 경계와 법칙
- **존재 축(Being)**: 인간, 동물, AI, 몬스터, 외계 생명체 등 등장 주체의 특성과 규칙

뿐만 아니라 세계관은 캐릭터 간의 관계, 역사적 사건의 축적, 반복되는 상징과 규칙 등을 통해 관객에게 일관성과 몰입감을 제공해야 한다. 세계관이 강한 콘텐츠는 단순히 '재미있는 이야기'가

아니라, 팬덤과 문화가 함께 형성되는 집단적 서사 공간이 된다.

이러한 세계관은 기획서에서 반드시 시각화 되어야 한다. 월드 맵, 타임 라인, 관계도, 상징 체계 등으로 정리하여, 협업자들과 공유 가능하도록 설계해야 한다. 이는 후속 콘텐츠 개발 시에도 일관성과 통일성을 유지하게 해주는 나침반 역할을 한다.

게임과 영상의 서사 차이

스토리텔링은 매체에 따라 다르게 작동한다. 영상 콘텐츠는 제작자가 설정한 서사를 따라가는 '수동적 감상'의 구조를 띤다면, 게임은 플레이어의 선택과 상호작용이 이야기의 일부가 되는 '능동적 체험'이다.

- **영상 콘텐츠**: 감정 중심의 극적 구성이 핵심. 예: 〈비긴 어게인〉은 음악과 인간관계의 서사를 중심으로 감정을 고조시킨다. 시청자는 감독이 설정한 플롯을 따라가며 정해진 흐름 속에서 감정을 이입하고 해소하는 구조를 갖는다.
- **게임 콘텐츠**: 미션, 선택, 분기 구조 등이 이야기의 전개를 구성. 예: 〈위쳐 3〉는 플레이어 선택에 따라 결말이 완전히 달라진다. 내러티브의 가지치기 구조가 필수적이다. 여기에 더해 서사와 상호작용, 플레이어의 몰입도를 높이기 위해 게임 메커니즘 자체가 이야기와 긴밀히 엮여야 한다.

게임 서사는 일반적으로 '퀘스트 기반' 또는 '루프 기반' 구조를 띠며, 스토리텔링이 도전과 보상, 성장의 과정과 결합해 있다. 예: 〈엘든 링〉은 전통적인 이야기 구조를 최소화하면서, 오픈월드의 탐험과 퍼즐 해석을 통해 플레이어가 스스로 서사를 구성하게 만든다. 반면 〈라스트 오브 어스〉는 영화에 가까운 시네마틱 구조와 캐릭터 중심의 감정 서사를 결합하여, 게임이면서도 감동적인 드라마를 만들어 냈다.

또한 게임에서는 '플레이어의 정체성'이 중요하다. 사용자가 주인공이자 해석자이며, 결정권자이기 때문에, 캐릭터와 세계관의 설계가 보다 능동적 몰입을 전제로 해야 한다. 단순한 관찰자가 아니라 '경험자'로서 서사를 체득해야 하기 때문이다.

콘텐츠 프로듀서는 이러한 구조의 차이를 이해하고, 기획서에서 플랫폼 맞춤형 서사 전략을 제시해야 한다. 같은 이야기라도 영상, 게임, VR 등 전달 매체에 따라 다른 설계와 연출이 필요하다. 즉 '무엇을 이야기할 것인가?'보다 더 중요한 것은 '어떻게 경험하게 할 것인가?'이다.

그리고 이처럼 매체에 따라 다른 형태의 서사를 취하더라도, 이야기의 본질적인 구조는 유지된다. 즉 '매력적인 주인공이 어떤 목표를 이루려고 하는데, 그것이 매우 힘들다'는 이야기의 보편 원칙은 게임이든 영상이든 동일하게 작동한다. 주인공의 욕망과 갈등, 그것을 방해하는 장애물, 그리고 그것을 극복하기 위한 과정은 모든 콘텐츠에서 공통된 서사적 핵심이다.

다음 4장에서는 이와 같은 구조적 기획을 실제로 설계 문서로 구체화하는 방법을 다룬다. 기획서는 단순한 설명서가 아니라, 콘텐츠의 정체성과 방향성을 명확히 제시하고, 제작 및 투자 파트너에게 설득력 있게 전달하는 전략적 도구다. 또한 효과적인 피칭 전략은 이 기획서를 바탕으로 타깃에게 정확하게 메시지를 전달하고 신뢰를 구축하는 과정이다. 여기에서는 기획서의 구성 요소, 작성 원칙, 시각화 기법과 함께, 성공적인 피칭을 위한 핵심 요령과 사례를 살펴볼 것이다.

4장
실전 기획서
쓰기

1. 아이디어의 선택: 무엇을 만들 것인가, 아니면 버릴 것인가?

히어로 유니버스

　필자가 심산스쿨에서 시나리오를 공부하던 시절, 발표가 끝날 때마다 심산 작가는 이런 말을 하곤 했다.

　"그런 것은 영화로 만들지 말고 책으로 쓰세요."

　시나리오를 배우러 온 학생들에게 참 매정한 말로 다가왔다. 하지만 시간이 흐르면서 나는 그 말을 조금 다르게 이해하게 되었다. 그것은 특정 매체에 대한 평가가 아니라, 아이디어의 적합성과 규모에 대한 질문이었다.

　콘텐츠 기획에서 가장 먼저 해야 할 일은 '무엇을 만들 것인가?'가 아니다. 오히려 '이 아이디어로 무엇을 만드는 것이 가장 적절한가?' 혹은 '애초에 만들어야 하는가?'를 묻는 일이다.

모든 아이디어가 콘텐츠가 될 필요는 없다. 어떤 아이디어는 메모장에 남겨 두는 것이 맞고, 어떤 아이디어는 에세이 한 편이면 충분하며, 어떤 아이디어는 장편 시리즈로 확장될 잠재력을 가진다. 중요한 것은 아이디어의 밀도와 확장 가능성, 그리고 그것이 감당해야 할 리스크의 크기를 정확히 판단하는 일이다.

콘텐츠는 산업이다. 기획 단계에서 이미 제작비, 인력, 플랫폼, 타깃, 수익 모델까지 고려해야 한다. 아이디어가 아무리 흥미로워 보여도 다음 질문을 통과하지 못하면 과감히 보류해야 한다.

- 이 아이디어는 한 문장으로 명확하게 설명되는가?
- 갈등이 충분히 강한가?
- 시청자 혹은 독자가 시간을 투자할 이유가 있는가?
- 확장 가능한 세계관을 갖고 있는가?
- 제작 리스크 대비 기대 효과는 합리적인가?

많은 실패 프로젝트는 아이디어가 나빠서가 아니라, '형태를 잘못 선택해서' 발생한다. 30분짜리 콘텐츠로 충분한 아이디어를 장편으로 늘리거나, 장기 서사가 필요한 이야기를 단편으로 축소하면 구조는 무너진다.

때로는 가장 용기 있는 결정이 '만들지 않는 것'일 때도 있다. 버리는 선택은 포기가 아니라, 자원을 보존하는 전략이다. 프로듀서는 창작을 독려하는 사람인 동시에, 불필요한 제작을 막는 사람이다.

결국 기획자의 역할은 아이디어를 사랑하는 것이 아니라, 아이디어를 검증하는 것이다.

'이 아이디어로 무엇을 만들어야 하는가?'

'아니, 지금 이 아이디어는 만들어야 하는가?'

이 질문에 명확히 답할 수 있을 때, 비로소 콘텐츠 기획은 시작된다. 그리고 만들겠다는 판단이 섰을 때, 우리는 콘텐츠의 포맷을 생각하게 된다.

'무엇으로 만들것인가?'

즉 **포맷**(format)이다.

이야기 욕망과 콘텐츠 포맷의 선택

이야기 욕망이란 무엇인가?

콘텐츠 기획에서 가장 먼저 던져야 할 질문은 이것이다.

'이 이야기를 통해 관객에게 어떤 경험을 하게 만들 것인가?'

여기에서 말하는 '이야기 욕망'은 바로 그 질문에 대한 답이다.

피터 브룩스(Peter Brooks)는 『Reading for the Plot』(1984)에서

서사를 '욕망의 운동'으로 설명한다. 이야기는 어떤 결핍이나 긴장을 향해 움직이며, 그 해소를 지연시키는 과정 자체가 서사의 구조를 형성한다. 이 책은 이 관점을 프로듀싱 관점으로 확장하여 다음과 같이 정의한다.

'이야기 욕망이란, 특정 결핍이나 갈등을 해결하고자 하는 서사적 추진력이자, 동시에 관객이 궁극적으로 경험하게 될 정서적 방향성이다.'

이는 단순히 인물이 원하는 목표가 아니다. 그 이야기가 관객을 어디로 끌고 가고 싶은지, 무엇을 느끼게 하고 싶은지에 대한 방향성이다. 예를 들면, 다음과 같은 질문들이다.

- 관객들에게 강한 충격을 주고 싶은가?
- 인물의 관계를 오래 축적하고 싶은가?
- 세계관을 체험하게 하고 싶은가?
- 직접 참여하게 만들고 싶은가?
- 반복적으로 소비하게 만들고 싶은가?

이러한 질문들에 대한 답이 먼저 결정되어야 한다. 그 다음에야 포맷을 선택할 수 있다.

이야기 욕망이 포맷을 결정한다

이야기 욕망이 정해지면, 다음 단계는 그것을 실현할 구조를 선택하는 일이다. 여기서 세 가지 기준이 작동한다.

1. 표현 방식(Representation Mode)
2. 제작 구조(Production Structure)
3. 관객(사용자)이 경험하는 깊이(Experience Depth)

포맷은 단순한 외형이 아니라 경험을 설계하는 장치다.

선택의 갈림길

포맷별 구현 방식과 사례

· 영화 - 감정의 압축과 단일 타격

영화는 제한된 러닝타임 안에서 강한 감정 곡선을 완성해야 하는 포맷이다. 약 2시간 내외의 시간 안에서 '도입-전개-위기-클라이맥스-결말'이 정교하게 설계된다.

<기생충>은 가족이라는 보편적 소재를 계급 구조 비판으로 확장하며, 공간 설계와 장르 전환을 통해 감정의 폭발을 만들어 낸다. 이 작품은 극장이라는 집단적 관람 환경에서 긴장과 몰입을 극대화하도록 설계되었다.

영화는 한 번의 강한 정서적 타격을 목표로 한다. 주제가 명확하고, 결말의 충격이나 여운이 중요한 아이디어에 적합하다.

· 드라마 - 관계의 축적과 장기 구조

드라마는 시간의 확장성을 가진다. 에피소드와 시즌을 통해 인물의 감정과 관계가 누적된다.

<오징어 게임>은 다양한 인간 군상을 축적하며 윤리적 선택과 배신의 구조를 반복적으로 드러낸다. 만약 이 이야기를 영화로 압축했다면, 인물 간의 갈등과 감정의 층위는 충분히 쌓이기 어려웠을 것이다.

OTT 기반 드라마는 글로벌 동시 공개, 연속 시청 구조, 알고리즘 추천을 통해 소비 방식 자체가 다르다. 드라마는 세계관보다 캐릭터의 축적에 강하다.

· 애니메이션 - 개념의 시각화와 세계관 설계

애니메이션은 현실의 물리적 제약을 벗어날 수 있다. 추상적 개념, 감정, 상징을 시각적으로 구현할 수 있다는 점이 가장 큰 장점이다.

〈인사이드 아웃(Inside Out)〉은 감정을 캐릭터로 형상화함으로써 추상적 개념을 직관적으로 체험하게 만든다. 이러한 설정은 실사 영화보다 애니메이션이 훨씬 더 자연스럽게 구현할 수 있다.

애니메이션은 세계관 중심 IP 확장에 유리하다. 실제로 많은 게임이 애니메이션화 되고, 애니메이션이 다시 게임이나 영화로 확장된다. 세계관이 강한 콘텐츠는 매체를 넘나들며 재해석될 수 있다.

· 게임 - 행위와 선택의 체험

게임은 이야기를 '보는' 것이 아니라 '겪는' 포맷이다.

〈더 라스트 오브 어스(The Last of Us)〉는 영화적 연출을 갖추었지만, 감동의 핵심은 플레이어의 행위에 있다. 이동하고, 전투하고, 선택하는 과정이 감정의 근원이 된다.

이 작품은 이후 드라마로 제작되었지만, 드라마는 서사를 보여주는 방식으로 재구성되었다. 동일한 이야기라도 게임에서는 체험이 중심이고, 드라마에서는 관찰이 중심이 된다.

최근에는 게임이 영화나 애니메이션으로 제작되는 사례가 늘고 있다. 이는 게임 IP가 이미 강한 세계관과 팬덤을 형성하고 있기 때문이다. 그러나 매체가 바뀌면 경험 구조도 달라진다.

· 유튜브 - 속도, 선택, 자유

유튜브는 접근성과 속도가 핵심이다. 완결된 서사보다 즉각적 이해와 자극이 중요하다.

〈미스터비스트(MrBeast)〉의 콘텐츠는 단순한 규칙 구조를 명확하게 제시하고, 빠른 편집과 시각적 강조를 통해 몰입을 만든다. 여기서 중요한 것은 '이야기'라기보다 '포맷'이다.

유튜브는 시청자가 직접 선택하는 구조다. 공중파처럼 편성 시간에 맞춰 시청하지 않는다. 알고리즘과 클릭이 콘텐츠의 생존을 결정한다.

또한 전통 방송과 달리 방송법의 직접적 규제를 받지 않는 영역이 많아, 크리에이터는 상대적으로 더 자유로운 실험이 가능하다. 제작 규모가 작고 의사결정 구조가 단순하기 때문에 빠른 피벗도 가능하다. 유튜브는 반복 구조와 실험형 아이디어에 특히 적합하다.

· 정리 - 욕망이 먼저이고, 포맷은 그 다음이다

포맷	핵심 경험	시간 구조	제작 구조	적합한 아이디어 유형
영화	감정의 압축	2~3시간 완결	대규모 투자, 극장 중심	강한 주제와 명확한 클라이 맥스
드라마	관계의 축적	시즌·에피소드	OTT·방송 플랫폼	캐릭터 중심 서사
애니메이션	개념의 시각화	자유로운 시간· 공간	장기 파이프라 인, 세계관 중심	추상적·상징적 아이디어
게임	행위와 선택	플레이 기반	인터랙티브 설계	참여형·체험형 서사
유튜브	즉각성·반복성	짧은 단위	개인·스튜디오 제작	실험형·포맷 반복형 아이디어

결국 프로듀싱은 장르를 고르는 일이 아니다.

먼저 이야기 욕망을 정의하고, 그 욕망을 가장 정확하게 구현할 수 있는 포맷을 선택하는 일이다.

욕망이 먼저이고, 포맷은 그 다음이다.

하나의 아이디어, 여러 콘텐츠 포맷: IP 확장의 실제 사례

하나의 아이디어가 반드시 하나의 콘텐츠 형태로만 소비되는 시대는 지났다. 오늘날의 콘텐츠 산업에서는 하나의 핵심 IP가 여러 미디어로 확장되며 생명력을 유지한다.

대표적인 사례로 「포켓몬스터」를 들 수 있다. 이 IP는 게임에서 출발해 애니메이션, 극장판 영화, 카드 게임, 모바일 게임으로 확장되었다. 초기 기획 단계에서 '수집과 교환'이라는 게임적 개념이 명확했기 때문에, 이후 다양한 포맷에서도 일관된 정체성을 유지할 수 있었다.

또 다른 사례인 「귀멸의 칼날」은 만화를 기반으로 TV 애니메이션과 극장판 영화로 확장되며, 매체별 강점을 극대화했다. TV 시리즈는 캐릭터와 세계관에 대한 장기적 몰입을, 극장판은 감정의 정점을 경험하도록 설계되었다.

이러한 사례들은 중요한 시사점을 제공한다. **초기 기획 단계에서 모든 확장을 고려할 필요는 없지만, 확장이 가능한 구조인지에 대한 판단은 필요하다.** 첫 번째 콘텐츠는 제작 현실성과 시장 진입 가능성을 기준으로 선택하고, 이후 반응을 바탕으로 단계적 확장을 모색하는 것이 이상적이다.

플랫폼에 따라 달라지는 기획의 방향과 사례

같은 아이디어라도 어떤 플랫폼을 선택하느냐에 따라 기획의 구조는 크게 달라진다. 이는 단순한 유통 채널의 차이가 아니라, **콘텐츠 소비 방식의 차이**에서 비롯된다.

넷플릭스 오리지널 시리즈 「오징어 게임」은 OTT 플랫폼의 특성을 적극 활용한 사례다. 에피소드 말미의 강한 클리프행어 구조는 '몰아보기'를 전제로 설계되었으며, 글로벌 동시 공개를 염두에 둔 보편적 규칙과 시각적 상징이 강조되었다.

반면 유튜브 숏폼 콘텐츠는 전혀 다른 문법을 요구한다. 15초에서 60초 이내의 짧은 영상에서는 서사적 완결성보다 즉각적인 훅(hook)과 반복 시청 가능성이 중요하다. 동일한 소재라도 극장이나 OTT용으로 기획된 콘텐츠를 그대로 옮겨오는 것은 효과적이지 않다.

이처럼 플랫폼은 단순한 '그릇'이 아니라, 콘텐츠의 구조와 리듬을 규정하는 요소다. 기획자는 아이디어를 떠올리는 순간부터 **이 콘텐츠가 가장 자연스럽게 소비될 장소**를 함께 상상해야 한다.

2. 기획서에 꼭 들어가야 하는 것들

아이디어가 콘텐츠 포맷으로 결정되었다면, 이제 그것을 문서로 설득해야 하는 단계에 들어선다. 기획서는 단순한 설명 자료가 아니라, 제작자·투자자·플랫폼을 향한 하나의 '제안서'인 동시에 기획자의 사고 구조를 드러내는 도구다.

여기에서는 장르와 매체를 불문하고, 현장에서 실제로 요구되는 기획서의 핵심 구성 요소를 중심으로 살펴본다.

기획서에 들어가는 것들

로그라인: 한 문장으로 설명할 수 있는가?

로그라인은 기획서의 출발점이자 가장 중요한 요소다. 좋은 로그라인은 작품의 핵심 갈등, 주인공, 목표를 짧은 문장 안에 담아낸다.

영화 〈조커〉의 로그라인은 사회에서 소외된 한 남자가 광기로 상징되는 존재로 변해 가는 과정을 압축적으로 보여준다. 이 한 문장은 작품의 분위기와 주제를 동시에 전달하며, 이후 모든 기획 요소의 기준점이 된다.

로그라인이 명확하지 않은 기획서는 대개 시놉시스와 설정이 길어질수록 중심을 잃는다. 기획자는 반드시 스스로에게 질문해야 한다. '이 이야기를 한 문장으로 설명할 수 있는가?'

기획 의도: 왜 지금, 이 이야기를 해야 하는가?

기획 의도는 단순한 창작 동기가 아니라, **이 콘텐츠가 지금 이 시점에 존재해야 하는 이유**를 설명하는 부분이다.

봉준호 감독은 여러 인터뷰에서 〈기생충〉의 기획 의도를 '특별한 악인이 없는 구조적 문제'라고 설명한 바 있다. 이처럼 기획 의도는 작품의 메시지이자, 동시대성과 연결되는 지점이다.

플랫폼과 투자자는 이 항목을 통해 기획자가 단순히 재미있는 이야기를 떠올린 것이 아니라, 사회·문화적 맥락을 인식하고 있는지를 판단한다.

시놉시스와 세계관 설명

시놉시스는 이야기의 전체 구조를 보여주는 요약본이며, 세계관 설명은 그 이야기가 작동하는 규칙을 제시한다.

애니메이션 〈어벤져스〉 시리즈는 각각의 개별 작품 이전에, '마블 시네마틱 유니버스'라는 세계관이 먼저 제시되었다. 이 세계관의 일관성이 있었기에 장기적인 IP 확장이 가능했다.

이 부분에서 중요한 점은 **설정을 나열하는 것이 아니라, 이야기와 어떻게 연결되는지를 보여주는 것이다.**

타깃 분석과 시장 인식

좋은 콘텐츠는 불특정 다수를 상정하지 않는다. 명확한 타깃 설정은 기획의 현실성을 높인다.

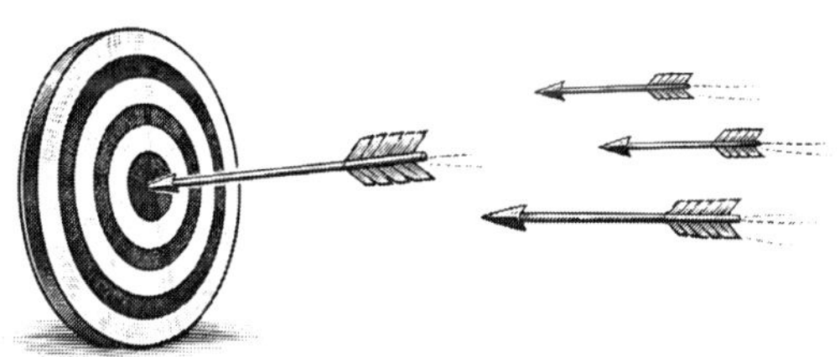

타깃 설정

넷플릭스는 오리지널 콘텐츠 기획 시, 연령대·국가·시청 패턴 데이터를 기반으로 타깃을 세분화한다. 이는 〈오징어 게임〉이 한국적 소재임에도 글로벌 시장에서 성공을 거둘 수 있었던 배경 중 하나다.

이 항목에서는 다음 질문에 답해야 한다.

· 누가 이 콘텐츠를 볼 것인가?
· 왜 그들은 이 콘텐츠를 선택할 것인가?
· 기존 콘텐츠와 무엇이 다른가?

레퍼런스와 차별화 포인트

레퍼런스는 모방의 대상이 아니라, **비교를 통해 차별성을 설명하기 위한 도구**다.

게임 〈젤다의 전설: 브레스 오브 더 와일드〉는 오픈 월드 게임의 기존 문법을 참고하면서도, '탐험의 자유'라는 차별화 포인트를 명확히 제시했다. 이처럼 레퍼런스는 '비슷한 점'보다 '다른 점'을 설명하는 데 사용되어야 한다.

제작 규모와 현실성

아무리 매력적인 아이디어라도 제작 현실성을 고려하지 않은 기획서는 통과되기 어렵다.

유튜브 오리지널 콘텐츠의 경우, 비교적 소규모 제작으로 빠른 실행과 검증이 가능하다. 반면 영화나 애니메이션은 제작 기간과 인력이 길어지는 만큼, 단계적 제작 계획이 필수적이다.

기획자는 자신의 아이디어가 **현실적으로 실행 가능한 범위 안에 있는지**를 냉정하게 점검해야 한다.

3. 누구에게 보여줄 것인가?

기획서는 관객이 아니라 '결정권자'를 설득한다. 같은 아이디어라도 **누구에게 보여주느냐**에 따라 기획서의 구조와 강조점은 완전히 달라진다. 기획서는 작품 설명서가 아니라, 읽는 사람의 **의사결정을 돕는 문서**이기 때문이다. 여기에서는 내부 기획용, 투자자용, 제작사·플랫폼 제출용 기획서를 중심으로 목적별 차이를 살펴본다.

보여주는 기획서

내부 기획용 기획서: 생각을 정리하는 문서

내부 기획용 기획서는 팀 내부의 합의를 만드는 데 목적이 있다. 이 단계의 기획서는 아이디어의 완성도보다 방향의 명확성이 중요하다.

· 핵심 질문: 우리가 무엇을 만들려고 하는가?
· 중점 요소: 콘셉트, 톤 앤 매너, 세계관의 기본 규칙
· 특징: 수정과 변화가 전제된 문서

픽사(Pixar)의 경우 초기 기획 단계에서 '스토리 트러스트(Story Trust)'를 통해 아이디어를 반복적으로 검증한다. 이 과정에서 사용되는 내부 문서는 외부 설득보다 팀 내부 토론을 위한 구조를 가진다.

필자와 강원 정보진흥원에서 많은 시간을 보내며 함께 기획에 참여했던 카툰네트워크 출신 프로듀서 래리 휴버(Larry Huber)는 내부 기획서를 이렇게 정의했다.

'같이 일하는 사람들이 모두 같은 곳을 보고 일하게 하는 것'.

제작을 하다 보면 워낙 복잡한 프로세스를 진행하기 때문에 다른 방향으로 갈 수 있다. 그러나 잘 짜여진 기획서는 늘 우리를 다시 붙잡아 주는 역할을 한다.

투자자용 기획서: 가능성과 수익을 보여주는 문서

투자자용 기획서는 아이디어의 예술성보다 사업적 타당성을 우선적으로 검토 받는다. 이 문서의 목적은 명확하다. '이 프로젝트에 투자할 이유'를 제시하는 것이다.

- 핵심 질문: 이 콘텐츠는 왜 성공할 수 있는가?
- 중점 요소: 타깃 시장, 경쟁작 비교, 수익 구조, 확장 가능성
- 특징: 리스크 관리와 숫자의 논리

마블 스튜디오는 개별 작품 기획 단계에서부터 장기적인 IP 확장 구조를 제시함으로써 투자자 신뢰를 확보해 왔다. 단일 작품의 흥행 가능성과 함께, 프랜차이즈로서의 성장 경로를 함께 보여주는 방식이다.

필자는 여러 작품의 투자를 콘텐츠 진흥원 및 여러 진흥원들, 그리고 투자사들에게 받아 보았다. 진흥원들은 좀 성격이 다르지만 투자사들을 설득해서 지갑을 열게 하는 것은 '이 작품이 성공할 가능성이 있겠는가?'라는 가능성을 보여주는 것이다. 그들에게 성공은 '수익성' 이다.

제작사·플랫폼 제출용 기획서: 협업을 전제로 한 문서

제작사나 플랫폼에 제출하는 기획서는 내부 기획용과 투자자용의 성격을 모두 포함하지만, **제작 현실과 플랫폼 전략**을 특히 중요하게 다룬다.

- 핵심 질문: 이 콘텐츠는 우리 플랫폼에 왜 필요한가?
- 중점 요소: 편성 전략, 포맷 적합성, 제작 일정
- 특징: 플랫폼 문법에 최적화된 구성

넷플릭스 오리지널 콘텐츠 기획서는 글로벌 동시 공개, 시즌 구조, 몰아 보기 시청 패턴을 전제로 작성된다. 동일한 아이디어라도 방송사에 제출할 경우, 편성 시간대와 회차 구조를 중심으로 다시 설계해야 한다.

제작사·플랫폼 제출용 기획서: 협업을 전제로 한 문서

유튜브나 숏폼 플랫폼용 기획서는 전통적인 기획서와 형식이 다르다. 완성된 서사보다 즉각적인 실행 가능성이 중요하다.

- 핵심 질문: 이 콘텐츠는 바로 만들 수 있는가?
- 중점 요소: 업로드 주기, 훅(Hook), 알고리즘 적합성
- 특징: 간결한 문장과 시각 중심 구성

<미스터비스트(MrBeast)>의 콘텐츠 기획은 복잡한 설정 없이도 명확한 규칙과 목표를 제시한다. 이는 유튜브 환경에서 기획서가 '설명서'보다 '실행 체크리스트'에 가깝다는 점을 보여준다.

목적별 기획서 비교 표

구분	내부 기획용	투자자용	플랫폼·제작사용	유튜브·숏폼
목적	방향 합의	투자 설득	협업 결정	즉시 실행
핵심 강조	콘셉트	수익·시장	포맷 적합성	훅·속도
분량	비교적 자유	중~장문	중간	매우 간결
문체	토론 중심	논리 중심	전략 중심	행동 중심

4. 좋은 기획서와 나쁜 기획서의 차이

왜 이 기획은 통과되고, 저 기획은 탈락할까?

현장에서 기획서를 검토하다 보면, 아이디어의 참신함과 무관하게 빠르게 판단이 서는 경우가 많다. 이는 심사자가 냉정해서가 아니라, **기획서가 던지는 신호가 명확하기 때문**이다. 여기에서는 실제 제작·투자·플랫폼 심사 과정에서 반복적으로 등장하는 기준을 중심으로, 좋은 기획서와 나쁜 기획서의 차이를 분석한다.

좋은 기획서는 질문에 먼저 답한다

좋은 기획서는 읽는 사람이 던질 질문을 미리 예측하고 있다. 반면에 나쁜 기획서는 설명하고 싶은 것부터 늘어놓는다.

- **좋은 기획서**: 왜 이 콘텐츠인가? → 왜 지금인가? → 왜 우리가 해야 하는가?
- **나쁜 기획서**: 세계관 설명 → 캐릭터 설정 → 하고 싶은 말

영화와 드라마 피칭 현장에서 가장 먼저 나오는 질문은 늘 같다. "그래서, 이게 왜 재미있나요?"

좋은 기획서는 이 질문에 1페이지 안에서 답한다.

아이디어보다 구조가 먼저 보인다

아이디어는 누구나 떠올릴 수 있다. 그러나 **아이디어를 구조화하는 능력**은 기획자의 몫이다.

좋은 기획서는 로그라인, 시놉시스, 세계관, 캐릭터가 유기적으로 연결되어 있다. 반면에 나쁜 기획서는 설정은 많지만, 이야기의 방향이 보이지 않는다.

애니메이션 제작 현장에서는 '설정이 많다'는 말이 칭찬이 아닌 경우가 많다. 이는 구조가 잡히지 않았다는 신호일 수 있기 때문이다.

타깃이 분명하면 설명이 줄어든다

좋은 기획서는 불필요한 설명이 적다. 이는 기획자가 누구에게 이 콘텐츠를 보여줄 것인지를 명확히 알고 있기 때문이다.

· **좋은 기획서**: 20~30대 OTT 이용자, 장르 드라마 선호층
· **나쁜 기획서**: 전 연령, 누구나 즐길 수 있는 콘텐츠

게임 기획서에서 타깃이 모호하면, 플레이 방식과 난이도 설정 역시 흔들리게 된다. 타깃은 선택의 문제이며, 포기의 문제이기도 하다.

레퍼런스는 많을수록 좋은 것이 아니다

좋은 기획서는 레퍼런스를 '비교의 도구'로 사용한다. 반면 나쁜 기획서는 레퍼런스를 '방패'처럼 나열한다.

· **좋은 기획서**: A 작품의 구조 + B 작품의 감정선에서 차별화
· **나쁜 기획서**: 최근 흥행작 10편 나열

영화·게임·애니메이션 심사에서 자주 듣는 피드백 중 하나는 "어디서 본 것 같은데, 왜 다른지는 모르겠다"는 말이다. 이는 레퍼런스 사용이 실패했음을 의미한다.

제작 현실을 외면하지 않는다

좋은 기획서는 이상과 현실 사이의 간극을 인식하고 있다. 반면에 나쁜 기획서는 제작 여건을 '나중 문제'로 미룬다.

예산, 인력, 제작 기간에 대한 언급이 없는 기획서는 실무 단계로 넘어가기 어렵다. 특히 애니메이션과 게임 콘텐츠의 경우, 제작 현실에 대한 이해 여부는 기획자의 신뢰도로 직결된다.

좋은 기획서 vs 나쁜 기획서 비교 표

구분	좋은 기획서	나쁜 기획서
출발점	질문에 대한 명확한 답	하고 싶은 말 중심
구조	논리적이고 유기적	단편적 설정 나열
타깃	구체적이고 선택적	모호하고 포괄적
레퍼런스	차별성 설명 도구	인기작 나열
현실성	제작 조건 인식	현실 고려 부족

5. 기획서 피드백과 수정 전략

왜 같은 지적을 계속 받을까?

기획서를 한 번에 통과시키는 경우는 드물다. 대부분의 기획서는 피드백을 거쳐 수정되고, 다시 검토되며 형태를 갖춘다. 그러나 많은 기획자와 학생들이 피드백을 '고쳐야 할 목록'으로만 받아들이고, **왜 그런 지적이 나왔는지 이해하지 못한 채 문장을 손보는 데서 멈춘다.** 여기에서는 현장에서 반복적으로 등장하는 피드백의 유형을 알아보고, 그에 어떻게 대응해야 하는지를 정리한다.

가장 많이 등장하는 피드백의 유형

기획서 피드백은 겉으로 보기에는 다양해 보이지만, 실제로는 몇 가지 핵심 질문으로 수렴된다.

- "그래서 이 콘텐츠의 핵심이 무엇인가요?"
- "이미 비슷한 콘텐츠가 많은데, 차별점은 무엇인가요?"
- "이걸 왜 지금 만들어야 하나요?"

· "이 규모로 제작이 가능한가요?"

이 질문들은 모두 **기획의 불명확성**을 지적한다. 즉 피드백은 문장의 문제가 아니라 판단의 문제인 경우가 대부분이다.

'더 구체적으로 써 보세요'의 진짜 의미

피드백 중 가장 자주 듣는 말은 "조금 더 구체적으로 써 보세요"라는 말이다. 그러나 이 말은 분량을 늘리라는 뜻이 아니다.

· **잘못된 수정**: 설정 설명 추가, 캐릭터 이력 보강
· **올바른 수정**: 선택의 기준 명확화, 핵심 문장 강화

구체성은 정보의 양이 아니라 **선택의 명확성**에서 나온다. 무엇을 할 것인지보다, 무엇을 하지 않을 것인지가 분명해질수록 기획서는 선명해진다.

피드백을 반영할 때 피해야 할 실수

피드백을 받을 때 많은 기획자들이 범하는 대표적인 실수가 있다.

1. 모든 피드백을 동일한 비중으로 반영한다.

2. 지적을 방어하려고 설명이 길어진다.

3. 기획의 방향보다 문장 표현만 수정한다.

　좋은 수정은 모든 지적을 수용하는 것이 아니라, **기획의 방향을 더 명확히 만드는 지적을 선별하는 것**에서 시작된다.

수정 전·후 비교로 보는 기획서 변화

　수정 전 기획서는 대개 '설명형 문서'에 가깝다. 반면에 수정 후 기획서는 '선택형 문서'가 된다.

항목	수정 전	수정 후
로그라인	설정 위주 설명	갈등과 목표 중심
기획 의도	개인적 동기 강조	동시대성·사회성 연결
타깃	추상적	구체적·선택적
제작 규모	추상적	단계별 현실화

피드백을 성장의 도구로 바꾸는 법

　숙련된 기획자는 피드백을 '평가'가 아니라 '대화'로 받아들인다. 피드백을 통해 상대가 무엇을 이해하지 못했는지를 파악하고, 기획서의 약점을 스스로 진단한다.

　이 과정에서 중요한 질문은 다음과 같다.

'이 피드백은 내 아이디어를 부정하는가, 아니면 더 잘 보이게 하려는가?'

대부분의 피드백은 후자에 가깝다.

6. 제출 전 최종 점검과 실전 체크리스트

이 기획서는 지금 제출해도 될까?

기획서는 완성되었다고 느껴질 때보다, 제출해도 되는 상태가 되었을 때 비로소 의미를 갖는다. 여기에서는 기획서의 품질을 마지막으로 점검하고, 제출 직전에 반드시 확인해야 할 항목들을 체크리스트 형태로 정리한다. 현장에서 반복적으로 발생하는 탈락 사유를 예방하는 것이 목적이다.

체크리스트 점검

한 페이지 점검: 첫 장에서 승부가 난다

심사자와 결정권자는 대부분 첫 한두 페이지에서 판단을 시작한다. 다음 질문에 즉시 답할 수 있는지 확인하라.

- 이 콘텐츠는 무엇에 관한 이야기인가?
- 왜 지금 만들어야 하는가?
- 누구를 위한 콘텐츠인가?
- 어떤 포맷과 플랫폼에 적합한가?

이 네 가지가 첫 페이지에 보이지 않는다면, 기획서는 이미 불리한 출발선에 서 있다.

구조 점검: 빠진 것은 없고, 넘친 것은 없는가?

다음 항목이 **빠짐없이 포함**되어 있는지, 그리고 불필요하게 반복되고 있지는 않은지 점검한다.

- 로그라인과 기획 의도
- 시놉시스와 세계관 규칙
- 타깃과 시장 인식
- 레퍼런스와 차별화 포인트
- 제작 규모와 일정 개요

구조 점검의 핵심은 '추가'가 아니라 '정리'다. 좋은 기획서는 덜어낼수록 선명해진다.

목적별 제출 체크리스트

기획서는 제출 대상에 따라 점검 기준이 달라져야 한다. 아래 표는 목적별로 반드시 확인해야 할 항목을 정리한 것이다.

제출 대상	반드시 확인할 항목
내부 기획	방향 일관성, 수정 가능성 명시
투자자	수익 구조, 리스크 관리
플랫폼·제작사	포맷 적합성, 편성 전략
유튜브·숏폼	훅, 업로드 주기, 실행 속도

자주 놓치는 탈락 포인트

현장에서 자주 목격되는 '사소하지만 치명적인' 실수는 다음과 같다.

· 타깃을 넓히기 위해 핵심을 흐리는 경우

· 레퍼런스를 나열만 하고 비교하지 않는 경우

· 제작 현실을 지나치게 낙관적으로 가정하는 경우

· 피드백 반영 이력을 전혀 남기지 않은 경우

이러한 요소들은 아이디어의 문제가 아니라, **기획 태도의 문**

제로 인식된다.

자가 점검을 위한 최종 질문 열 가지

제출 전, 아래 질문에 스스로 '예'라고 답할 수 있는지 확인하라.

1. 한 문장으로 설명할 수 있는가?
2. 지금 이 시점에 필요한 이야기인가?
3. 명확한 타깃이 존재하는가?
4. 포맷 선택의 이유가 분명한가?
5. 레퍼런스와의 차별점이 명확한가?
6. 제작 규모가 현실적인가?
7. 플랫폼 문법을 고려했는가?
8. 첫 페이지에서 핵심이 보이는가?
9. 불필요한 설명을 제거했는가?
10. 질문보다 답이 많은 기획서인가?

콘텐츠 기획자는 아이디어의 창의성뿐 아니라, 구현 방식에 대한 전략적 판단을 동시에 요구받는다. 무엇으로 만들 것인가를 결정하는 순간, 기획은 이미 절반 이상 완성된다.

기획서는 아이디어를 설명하는 문서가 아니라, **아이디어를 선택하게 만드는 문서다.** 로그라인에서 제작 규모에 이르기까지 모든 항목은 하나의 질문으로 수렴된다.

'이 콘텐츠는 왜 지금, 이 형태로, 이 규모로 만들어져야 하는가?'

기획서의 완성도는 글의 수준이 아니라, **독자의 질문에 얼마나 정확히 답하고 있는가**로 판단된다. 누구에게 보여줄 기획서인지를 명확히 인식하는 순간, 불필요한 설명은 사라지고 설득력은 강화된다.

기획서의 수준은 글솜씨가 아니라 판단의 정확성에서 드러난다. 좋은 기획서는 선택과 포기를 통해 명확해지고, 나쁜 기획서는 욕심을 버리지 못해 흐려진다.

이제 기획자는 질문을 바꿔야 한다.

이 기획은, 정말로 통과될 준비가 되어 있는가?

기획서는 한 번 쓰고 끝나는 문서가 아니다. 수정과 보완을 통해 점점 명확해지는 **사고의 기록**이다. 같은 피드백을 반복해서 받는다면, 고쳐야 할 것은 문장이 아니라 기획자의 판단일 가능성이 높다.

기획서의 마지막 단계는 더 쓰는 것이 아니라, **제출해도 되는지를 판단하는 것**이다. 위의 체크리스트를 통과한 기획서는 적어도 '읽히지 못해 탈락하는' 상태는 벗어난다.

이로써 아이디어를 실제 기획서로 완성하는 전 과정을 마무리했다. 뒤에서는 이러한 기획이 제작 현장에서 어떻게 구현되고 관리되는지를 다룬다.

5장
마무리: 팔려야
콘텐츠다

팔리는 콘텐츠

대중의 사랑과 창작자의 애정 사이에서

콘텐츠 산업에서 '팔린다'는 말은 종종 오해를 낳는다. 어떤 이들에게 팔린다는 것은 예술적 타협처럼 들리고, 또 어떤 이들에게는 오직 숫자만을 의미하는 말로 받아들여진다. 그러나 콘텐츠가 팔린다는 것은 단순한 소비가 아니라, **대중이 그 콘텐츠를 선택했다는 결과**를 뜻한다. 선택받지 못한 콘텐츠는 시장에서 존재하지 않는 것과 다르지 않다.

그렇다고 해서 대중의 취향만을 좇는 것이 좋은 콘텐츠의 조건은 아니다. 콘텐츠는 대중에게 사랑받아야 하지만, 동시에 **창작자 스스로도 자신의 콘텐츠를 사랑할 수 있어야** 오래 살아남는다. 이 두 조건은 종종 충돌하는 것처럼 보이지만, 실제로는 좋은 콘텐츠를 탄생시키는 가장 중요한 긴장 관계다.

콘텐츠는 결국 선택의 결과다

오늘날 대중은 어느 시대보다 많은 콘텐츠 속에 살고 있다. 무한에 가까운 선택지 앞에서 대중이 어떤 콘텐츠에 시간을 쓰기로 결정했다는 사실은 결코 가볍지 않다. 영화감독 스티븐 스필버그는 한 인터뷰에서 "관객을 무시한 영화는 결국 스스로를 무시하는 것과 같다"고 말한 바 있다. 이 말은 관객에게 영합하라는 뜻이 아니라, **관객을 진지한 동반자로 대하라는 주문**에 가깝다.

콘텐츠가 팔린다는 것은 대중이 그 이야기, 그 세계관, 그 경험에 자신의 시간을 맡겼다는 의미다. 기획자는 이 선택의 무게를 가볍게 여겨서는 안 된다.

대중의 입맛만 따라가면 독창적인 콘텐츠를 만들 수 없다

반대로, 대중의 반응만을 기준으로 콘텐츠를 설계하는 순간 창작은 빠르게 소모된다. 크리스토퍼 놀런은 "내가 이해하지 못하는 이야기를 관객에게 이해시키려 한 적은 없다"고 말한다. 그의 작품들이 대중성과 작가성을 동시에 확보할 수 있었던 이유는, **먼저 자신이 설득되지 않은 이야기를 만들지 않았기 때문**이다.

유행은 언제나 빠르게 바뀐다. 유행을 좇아 만든 콘텐츠는 빠르게 소비되지만, 그만큼 빠르게 잊힌다. 독창성은 대중과 거리를 두는 데서 나오지 않는다. 그것은 오히려 **자신만의 질문을 끝까지 밀어붙이는 태도**에서 비롯된다.

창작자가 사랑하지 않는 콘텐츠는 오래 버티지 못한다

음악가 빌리 아일리시는 "내가 재미없어 하는 음악을 팬들을 위해 만들 수는 없다"고 말한 바 있다. 이 발언은 자기중심적 선언이 아니라, 창작의 지속 가능성에 대한 통찰에 가깝다. 또한 내가 기획 작업을 하며 무수히 나 스스로도 반복해서 되뇌이던 말이다. 창작자 스스로 애정을 느끼지 못하는 콘텐츠는 제작 과정에서 쉽게 타협되고, 반복되는 작업 속에서 금세 소진된다.

콘텐츠 산업은 단거리 경주가 아니라 장거리 경주다. 세계관과 캐릭터, 이야기와 형식을 오랜 시간 함께 끌고 가야 한다. 이를 가능하게 하는 힘은 결국 **창작자의 애정과 책임감**이다.

팔리는 콘텐츠와 사랑받는 콘텐츠의 교차점

픽사 스튜디오는 내부에서 '우리가 먼저 울지 않는 이야기는 관객도 울지 않는다'는 원칙을 공유한다. 이는 내부 만족과 외부 반응을 분리하지 않겠다는 선언이다. 창작자 스스로 설득되지 않은 콘텐츠는, 대중에게도 설득력을 갖기 어렵다는 뜻이다.

마블 스튜디오의 케빈 파이기 역시 "팬을 계산하기 시작하면 이야기는 약해진다"고 말한 바 있다. 그는 팬의 반응을 무시하지 않되, 두려워하지도 않는다. 이 균형 감각이야말로 상품성과 대중의 사랑이 만나는 지점이다.

콘텐츠 프로듀서가 마지막으로 던져야 할 질문

이 책에서 다룬 기획, 제작, 시장, 플랫폼의 모든 논의는 결국 하나의 질문으로 수렴된다.

- 나는 왜 이 콘텐츠를 만들고 싶은가?
- 이 이야기를 몇 년 동안 계속 이야기할 수 있는가?
- 대중은 이 콘텐츠에서 무엇을 얻는가?
- 나와 대중이 만나는 지점은 어디인가?

이 질문에 답하지 못한 채 '잘 팔릴 것 같다'는 감각만으로 기획된 콘텐츠는 시장에서도, 창작자 자신에게도 오래 남기 어렵다.

AI 시대, 콘텐츠 프로듀서는 무엇을 중요하게 생각해야 하는가?

AI의 등장은 콘텐츠 제작 환경을 근본적으로 바꾸어 놓았다. 이미지, 영상, 음악, 글까지 생성할 수 있는 도구들이 일상화되면서 제작의 문턱은 과거와 비교할 수 없을 만큼 낮아졌다. 이제 '만들 수 있는가?'는 경쟁력이 아니다.

그러나 제작이 쉬워질수록 소비자의 기준은 오히려 높아진다. 대중은 여전히 콘텐츠의 겉모습보다 **무엇을 말하고 있는지, 어떤 경험을 주는지**를 기준으로 선택한다. 기술은 달라졌지만, 콘텐츠의 본질은 변하지 않았다.

AI는 판단의 주체가 아니라 **판단을 증폭시키는 도구**다. AI는 질문에 답할 수는 있지만, 질문 자체를 던지지는 않는다. 무엇을 이야기할지, 어떤 방향으로 밀고 나갈지는 여전히 인간의 몫이다.

따라서 AI 시대의 콘텐츠 프로듀서는 도구에 기대는 사람이 아니라, **AI에게 아이디어와 질문을 던질 수 있는 사람**이어야 한다. 제작을 대신 맡기는 것이 아니라, 사고의 방향을 제시하는 역할이 프로듀서에게 남아 있다.

콘텐츠는 팔려야 살아남는다. 그러나 **사랑받지 못하는 콘텐츠는 오래도록 팔리지 않는다.** 여기에 AI 시대의 조건이 하나 더해졌다. 제작의 문턱이 낮아진 시대일수록, 콘텐츠 프로듀서는 더 깊이 생각해야 한다.

이 콘텐츠는 대중에게 선택받을 준비가 되어 있는가? 그리고 이 아이디어는 AI가 아니라, 내가 던질 수 있는 질문인가?

이 질문에 명확히 답할 수 있을 때, 콘텐츠는 비로소 시장과 시간 모두를 통과한다.

부록:
프로젝트
기획서형 분석

1. 〈K-POP 데몬 헌터스
(K-Pop Demon Hunters)〉

*메기 강(Maggie Kang) 감독 인터뷰 및 공개 제작 자료를 중심으로 재구성

기획 배경

글로벌 K-POP 팬덤은 음악 소비를 넘어 세계관, 캐릭터, 스토리텔링을 함께 소비하는 단계로 확장되고 있다. 동시에 애니메이션 시장은 넷플릭스를 중심으로 글로벌 동시 공개 구조가 강화되며, 장르 혼합형 IP의 성공 가능성이 높아졌다.

메기 강 감독은 여러 인터뷰에서 "K-POP과 슈퍼히어로 서사를 결합한 작품을 만들고 싶었다"고 밝힌 바 있다. 이는 단순한 음악 콘텐츠가 아니라, K-POP 아이돌이라는 존재 자체를 장르적 세계관 안으로 확장하려는 시도였다.

본 프로젝트는 K-POP 걸그룹이 무대 밖에서는 악마를 사냥하는 헌터라는 설정을 통해, 퍼포먼스와 액션을 결합한 글로벌 IP를 목표로 한다.

기획 의도

이 작품은 K-POP을 소재로 삼는 것이 아니라, K-POP의 구조

자체를 서사의 동력으로 활용한다.

무대 위 퍼포먼스는 팬을 위한 쇼이자, 동시에 악을 봉인하는 의식이 된다. 아이돌의 이중적 삶은 장르적 장치이면서 K-POP 산업의 특성을 은유한다.

감독 인터뷰에 따르면, 이 프로젝트는 '한국적 감성과 글로벌 애니메이션 문법을 동시에 담는 것'을 목표로 했다. 즉 문화적 정체성과 장르적 보편성을 결합하는 전략이다.

프로젝트 개요
· **형식**: 넷플릭스 오리지널 장편 애니메이션
· **장르**: 액션 / 판타지 / 뮤지컬 요소 결합
· **핵심 콘셉트**: K-POP 걸그룹 = 데몬 헌터

로그라인

세계적인 인기를 얻고 있는 K-POP 걸그룹이 무대 밖에서는 비밀리에 악마를 사냥하며 세상을 지킨다.

콘셉트 및 차별성
· **장르 융합 전략**
· K-POP 퍼포먼스
· 슈퍼히어로 액션

· 애니메이션 판타지 세계관

이 세 요소가 병렬이 아니라 하나의 구조 안에서 작동한다.

·음악의 서사화: 공연 장면은 단순 삽입곡이 아니라, 전투와 연결된 서사적 장치다. 음악은 세계관을 작동시키는 에너지로 설정된다.

·문화적 디테일: 한국적 미장센, 한글 그래픽, 전통적 요소를 현대적으로 변주하여 시각적 정체성을 구축한다.

플랫폼 전략

·글로벌 OTT 최적화

· 전 세계 동시 공개

· 더빙 및 자막 확장성

· 팬덤 기반 2차 창작 확산 가능

메기 강 감독 인터뷰에 따르면, 이 프로젝트는 특정 국가 관객이 아니라 '글로벌 K-POP 팬 전체'를 상정하고 기획되었다.

애니메이션이라는 형식은 언어 장벽을 상대적으로 낮추며, 문화적 스타일을 시각적으로 직접 전달할 수 있는 장점이 있다.

제작 규모 및 구조

· 고퀄리티 3D 애니메이션 제작

· 오리지널 음악 다수 제작

· 글로벌 성우 및 음악 제작진 협업

K-POP 프로젝트의 특성상 음악 제작과 영상 제작이 동시에 고도화되어야 하므로, 일반 애니메이션 대비 복합적 제작 구조를 가진다.

IP 확장 가능성

1. OST 음원 발매
2. 실제 퍼포먼스 영상 확장
3. 굿즈 및 캐릭터 라이선싱
4. 게임·웹툰 등 2차 IP 전개

이 프로젝트는 단일 영화가 아니라, 캐릭터 기반 프랜차이즈로 확장 가능한 구조를 가진다.

설득 구조 분석(기획서 관점)

메기 강 감독의 인터뷰에서 반복적으로 드러나는 키워드는 다음과 같다.

· K-POP에 대한 애정과 이해
· 장르적 재미의 우선성
· 글로벌 관객을 전제로 한 기획

이 프로젝트가 설득력을 가진 이유는 'K-POP이 인기이기 때문'이 아니라, K-POP의 구조를 장르 시스템 안에 통합했기 때문이다.

즉 아이디어의 참신함이 아니라, 형식 선택의 전략성이 통과 요인이었다.

결론

〈K-POP 데몬 헌터스〉는 K-POP을 소재로 차용한 작품이 아니라, K-POP을 장르적 세계관으로 전환한 사례다.

왜 애니메이션인가, 왜 글로벌 OTT인가, 왜 장르 혼합인가에 대한 답이 분명하다.

따라서 이 사례는 '아이디어를 어떻게 형식과 플랫폼 전략으로 완성하는가'를 보여주는 대표적 기획 사례로 분석할 수 있다.

2. 〈오징어 게임(Squid Game)〉

프로젝트 개요

· 형식: 넷플릭스 오리지널 시리즈

· 장르: 서바이벌 스릴러 / 사회 풍자 드라마

· 분량: 시즌1 9부작

· 제작사: 싸이런픽처스

· 글로벌 배급: Netflix

로그라인

경제적 파산 상태에 놓인 인물들이 거액의 상금을 위해 목숨을 건 의문의 게임에 참가하며 인간 본성과 자본 권력의 구조를 마주한다.

기획 배경

· 글로벌 OTT 시장 확대와 비영어권 콘텐츠 수요 증가

· 한국 사회의 부채·계층 격차 문제의 심화

· 어린이 놀이를 활용한 장르적 아이러니 구조

· 감독 황동혁의 장기 숙성 원안

본 기획은 한국적 정서(놀이 문화)와 보편적 서바이벌 구조를 결합하여 글로벌 공감대를 형성하는 것을 목표로 한다.

콘텐츠 구조 설계

- **세계관 구조**

· 폐쇄형 공간 설정

· 단계별 탈락 시스템

· VIP 관전 구조를 통한 자본 권력 상징화

- **캐릭터 설계**

· 사회적 약자 중심의 서사

· 계층·이주·젠더 문제 반영

- **미장센 전략**

· 동화적 색감 대비 잔혹성

· 상징적 세트 디자인 중심 제작

- **제작 규모 및 예산 구조**

· 시즌1 총 제작비 약 200~250억 원 규모 추정

· 대형 세트 중심 물리적 프로덕션

· VFX 보조적 활용

· 제작 연혁

· 2008~2009: 원안 기획

· 2018: 넷플릭스 협의

· 2019~2020: 촬영 및 후반 작업

· 2021: 글로벌 공개 및 94개국 1위 기록

· 스튜디오 협업 구조

· 총괄 제작: 싸이런픽처스

· 글로벌 배급 및 데이터 마케팅: Netflix

· 세트·미술 전문 제작팀 운영

· 글로벌 현지화 더빙, 자막 시스템

· 산업적 성과 분석

· 비영어권 콘텐츠 최초 글로벌 기록 달성

· IP 확장(시즌2, 리얼리티 쇼, 굿즈)

· 상징 디자인의 브랜드화 성공

3. 〈유 퀴즈 온 더 블록〉

프로젝트 개요

· 형식: TV 예능 토크 프로그램

· 장르: 휴먼 인터뷰 토크

· 제작사: CJ ENM

· 방영 시작: 2018년

로그라인

대한민국의 다양한 인물을 만나 삶의 이야기를 듣고 퀴즈를 매개로 소통하는 휴먼 중심 토크 프로그램.

기획 배경

· 관찰 예능 포화 상태에서의 차별화 필요

· 인물 중심 스토리텔링 강화 전략

· 유재석 브랜드 신뢰도 기반 확장

초기 길거리 퀴즈 콘셉트에서 인물 다큐형 토크로 포맷 진화.

포맷 구조 설계

· 기본 구성

· 인물 소개

· 인생 서사 인터뷰

· 퀴즈 참여 장치

· 감정적 클라이맥스

· 시즌 전략

· 시즌1: 거리 중심

· 시즌2 이후: 스튜디오 및 섭외 중심 확장

제작 규모

· 중형 예능 제작비 구조

· 회당 수억 원대 제작비

· 스토리 리서치 및 섭외 인력 집중

제작 연혁

· 2018: 파일럿 및 시즌1

· 2019: 포맷 구조 전환

· 2020~현재: 장기 정규 편성

협업 구조

· CJ ENM 예능본부 총괄

· 작가진 중심 리서치팀

· 디지털 클립 배포 전략 운영

· 출연자 네트워크 관리 시스템

산업적 성과 분석

· 인물 서사 중심 장수 예능 포맷 확립

· 디지털 클립 바이럴 확산 성공

· 브랜드 신뢰 기반 고급 게스트 섭외 구조 완성

4. 〈World of Warcraft〉

* Blizzard Entertainment 공식 개발자 발표, GDC 강연,
공개 인터뷰 자료를 중심으로 재구성

기획 배경

2000년대 초반 온라인 게임 시장은 빠르게 성장하고 있었으나 MMORPG는 여전히 마니아 중심 장르였다. 블리자드(Blizzard) 사는 〈Warcraft III〉를 통해 강력한 세계관과 캐릭터 팬덤을 구축한 상태였으며, 플레이어가 세계 안으로 직접 들어가 체험하도록 설계하는 것을 목표로 했다.

기획 의도

〈World of Warcraft〉는 단순한 온라인 게임이 아니라, 세계관 체험 플랫폼을 구축하는 것이 핵심 목표였다. RTS에서 관찰하던 구조를 참여형 몰입 구조로 전환하였다.

기존 구조	WoW 전환 구조
전략 지휘	캐릭터 몰입
스토리 감상	스토리 참여
단일 세션 플레이	지속적 세계 경험
게임 클리어	세계 지속

프로젝트 개요

형식	온라인 MMORPG
개발사	Blizzard Entertainment
출시	2004년
세계관 기반	Warcraft IP
수익 모델	월정액 + 확장팩
최대 가입자	약 1,200만 명 이상

로그라인

플레이어가 직접 아제로스의 인물이 되어 전쟁과 갈등 속에서 자신의 서사를 만들어 가는 온라인 판타지 세계.

콘셉트 및 차별성

· IP 확장 전략: RTS 세계관을 MMORPG로 전환하여 체험 방식 자체를 변화시켰다.

· 사회적 플레이 구조: 길드와 레이드를 통해 집단 기억과 공동 서사를 형성했다.

· 확장팩 구조: 시즌 교체형 세계 재설계를 통해 장기 수명을 확보했다.

플랫폼 전략

라이브 서비스 기반 운영, 데이터 분석을 통한 밸런스 조정, 글로벌 서버 확장을 통해 장기 운영 모델을 구축했다.

제작 구조

방대한 월드 디자인, 직업 시스템, 음악 및 사운드 강화, 지속 패치 운영 구조를 통해 출시 이후에도 계속 제작되는 라이브 콘텐츠 모델을 정착시켰다.

IP 확장 가능성

소설, 영화, 굿즈, e스포츠 등으로 확장되며 단일 게임을 넘어 IP 허브로 기능했다.

설득 구조 분석

검증된 세계관 자산, 온라인 시장 성장세, 커뮤니티 기반 장기 수익 모델이 핵심 설득 논리였다.

결론

〈World of Warcraft〉는 IP를 체험형 플랫폼으로 전환한 대표적 사례로, 온라인 세계관 기반 라이브 서비스 모델의 표준을 제시하였다.

[참고 문헌(APA 7th Edition)]

Allocca, K. (2018). Videoocracy: How YouTube is changing the world··· with double rainbows, singing foxes, and other trends we can't stop watching. Bloomsbury Publishing.

Anderson, B. (1983). Imagined communities. Verso.

Anderson, C. (2006). The long tail: Why the future of business is selling less of more. Hyperion.

Aristotle. (n.d.). Poetics. (Various translations).

Auerbach, E. (1946). Mimesis: The representation of reality in Western literature. Princeton University Press.

Benjamin, W. (1936). The work of art in the age of mechanical reproduction.

Berger, J. (2013). Contagious: Why things catch on. Simon & Schuster.

Bordwell, D. (1985). Narration in the fiction film. University of Wisconsin Press.

Bordwell, D., & Thompson, K. (2019). Film art: An introduction (12th ed.). McGraw-Hill.

Brooks, P. (1984). Reading for the plot. Harvard University Press.

Eisenstein, E. L. (1979). The printing press as an agent of change. Cambridge University Press.

Febvre, L., & Martin, H.-J. (1976). The coming of the book: The impact of printing 1450-1800. Verso.

Gray, C. (2013). Feedback and revision in creative work. Routledge.

Hunicke, R., LeBlanc, M., & Zubek, R. (2004). MDA: A formal approach to game design and game research.

Jenkins, H. (2006). Convergence culture: Where old and new media collide. New York University Press.

Kim, W. C., & Mauborgne, R. (2005). Blue ocean strategy: How to create uncontested market space and make the competition irrelevant. Harvard Business School Press.

Koster, R. (2005). A theory of fun for game design. Paraglyph Press.

Lukács, G. (1937). The historical novel.

McKeon, M. (1987). The origins of the English novel 1600-1740. Johns Hopkins University Press.

Moretti, F. (2006). The novel. Princeton University Press.

Neumeier, M. (2006). Zag: The number one strategy of

high-performance brands. New Riders.

Ries, A., & Trout, J. (2001). Positioning: The battle for your mind (20th anniversary ed.). McGraw-Hill.

Salen, K., & Zimmerman, E. (2004). Rules of play: Game design fundamentals. MIT Press.

Schell, J. (2008). The art of game design: A book of lenses. Morgan Kaufmann.

Shirky, C. (2008). Here comes everybody: The power of organizing without organizations. Penguin Press.

Watt, I. (1957). The rise of the novel. University of California Press.

Zipes, J. (2002). The brothers Grimm: From enchanted forests to the modern world. Palgrave Macmillan.

Zipes, J. (2005). Hans Christian Andersen: The misunderstood storyteller. Routledge.

[산업·기관 자료(Corporate Author Format)]

GDC Vault. (n.d.). Pitch evaluation criteria; Iterating on game pitches.

Marvel Studios. (n.d.). Franchise planning interviews.

Naughty Dog. (n.d.). The Last of Us developer commentary.

Netflix. (n.d.). Official pitch guidelines; Press & content strategy materials; Tech blog; Squid Game production case study.

Nintendo. (n.d.). Developer interview archive.

Pixar Animation Studios. (n.d.). Creative feedback culture; Story review checklist; Story trust overview; Story trust and development process; Inside Out production notes.

YouTube Creator Academy. (n.d.). Content strategy basics; How audience engagement works; Short-form content planning.

Blizzard Entertainment. (2004). World of Warcraft [Video game]. Blizzard Entertainment.

Blizzard Entertainment. (2007). The Burning Crusade [Expansion pack]. Blizzard Entertainment.

Blizzard Entertainment. (2008). Wrath of the Lich King [Expansion pack]. Blizzard Entertainment.

Blizzard Entertainment. (2010). Cataclysm [Expansion pack]. Blizzard Entertainment.

Blizzard Entertainment. (Various years). BlizzCon developer presentations. Retrieved from https://www.blizzcon.com

GDC Vault. (Various years). Blizzard Entertainment developer talks. Retrieved from https://www.gdcvault.com

Jenkins, H. (2006). Convergence culture: Where old and new media collide. NYU Press.

Meier, S. (2010). Keynote address at Game Developers Conference.

Newman, J. (2008). Playing with videogames. Routledge.

Schreier, J. (2017). Blood, sweat, and pixels. HarperCollins. (Blizzard 개발 문화 관련 사례 참조)

Jones, D. (Director). (2016). Warcraft [Film]. Legendary Pictures.

[국내 참고 문헌]

김욱동. (2003). 서사학 강의. 문학과지성사.

조동일. (1994). 문학과 역사적 인간학. 지식산업사.

이상섭. (2001). 영국소설사. 서울대학교출판부.